多様な
支援事例で
つかむ

自治体が直面する

高齢者
身元保証問題
の突破口

地域特性を踏まえた
おひとりさま政策
の提言

株式会社日本総合研究所
沢村 香苗 [著]

第一法規

はじめに

　日本で高齢化や長寿化が進んでいることは誰もが知っている。世帯が小規模化し、高齢者の単身世帯や高齢夫婦のみ世帯が増えていることも、徐々に知られるようになってきている。高齢者の数や人生の長さという「量」だけでなく家族関係をはじめとした「質」も変化している中で、私たちは人生を全うしなければならない。

　老後に何が起きるのか、どうすれば備えておけるのかについて明確な回答はなく、時に漠然とした不安を感じながらも、平穏な日々を過ごしている人が大半だろう。まるで先の見えないジェットコースターに乗っているようなものだ。そして、ある日突然「いざという時」が訪れ、生活は急激に変化していく。

　これまでは、急激な変化を経験している人の側に家族がおり、本人を助けるだけでなく、時には本人に代わって問題を解決し、生活を成り立たせてきた。世帯の小規模化や長寿化によって、こういった伴走的役割を家族に期待することは限界を迎えている。家族がいたとしても、生活スタイルの違い、それぞれの生活の負担、また高齢になるなどして、誰か1人を丸ごと支えるようなことはもはや期待できない。

　本書のテーマとなっている「身元保証問題」の調査研究の機会を得た時、筆者はこのようなことについてはあまり考えたことがなかった。身元保証人とは何をする人なのか、それを有償で請け負う「身元保証等高齢者サポート事業」とはどのような事業なのかについて、自治体など公的機関の皆さん、身元保証等高齢者サポート事業者の皆さんにお話を伺う中で、その時の調査研究で求められてい

た「身元保証等高齢者サポート事業はどのような事業なのか」ということへの回答よりも、その背景にある大きなテーマに興味を惹かれ、そのことばかりを報告書に書いてしまい、周りの人たちに叱られたことを覚えている。

　本書でも繰り返し書いているが、高齢期というのは、それまでに経験のない意思決定が求められる時期である。しかも、医療や介護、相続など、重大で専門的知識が必要なものが含まれている。かつては、慣習や行政による措置によっておのずと決まっていたようなこと（例えば介護や葬儀）も、今はその多くが個人の選択にゆだねられている。また、医療についても、医療技術の進歩によってやはり選択肢は多様化しており、何を選ぶかについてはやはり個人の意向が重視されることになる。選択肢が多いこと、個人のありたい姿を実現するための選択ができることは本来望ましいことだが、情報処理の負荷は高くならざるを得ない。心身の機能が低下していく中、その機能を補うための意思決定を繰り返し行わねばならないというのが、現代の高齢期にある大きな矛盾といえる。それを本書では「個・孤のライフ・エンディング問題」として定義し、解決策を検討した。

　なぜ「身元保証」という言葉が使われるようになったのかはわからないが、身元保証人というのは、その矛盾を解決するために本人に常に寄り添える人を指しているのだということに、様々な事例を聞く中で気づかされた。身元保証等高齢者サポート事業は、そのような役割を家族に求められない、あるいは求めたくない人の需要に応えて形成されてきた事業だといえる。ただし、2016年に大手の事業者が倒産したことが示す通り、注意深く設計されない限りは、「家族代わり」を事業として行うことは非常に負荷が高い。家族は、

何の決め事もなく、無限の支援を、無償で提供することが前提となっていることが多いし、ましてお金を払って「家族代わり」を得ようとする時には、多くの場合その「家族」は理想化されることになる。本当の家族なら断れることも断りにくく、またその分の妥当な料金を請求することも実際には難しい。無限・無償の（理想の）家族に比べれば、すべてのサービスは不十分で高いものとして評価されざるを得ず、なかなか割に合わない事業である。

　家族は、自分の努力で作れるものではない。家族がいたとしても、無限の支援を提供できるわけではない。有償サービスを利用してもそれは同じである。高齢期が長くなり、その中で行わねばならない意思決定は増えているのに、これまでと同じやり方で「いざとなったら誰かが伴走して解決する」という手法に頼ったままでは行き詰まることが目に見えている。本書では情報技術に着目し、理想の家族のコピーを求めるのではない解決策を提案することを目指した。

　情報技術に着目した理由は、家族に対して求められる大きな役割が、情報の媒介役だったからである。多くの意思決定を行う中で、その人の状態や考えや意向などの情報を持ちうる存在としての家族への期待は大きい。それを逆手にとり、情報さえ適切に蓄積・流通できれば、家族でなくとも、時には人間でなくとも、できることがたくさんあるのではないかと考えた。むしろ、情報だけに着目すれば、人間に頼るよりも技術を活用する方が有効なことが多くある。人の代わりを人に求めることから脱し、まず情報技術を核として、高齢期に必要になる支援を再編し、その中で人ができること、人がやらねばならないこと、人がやった方がよいことは何かを考えようというのが、本書の基本的なスタンスである。また、「人」につい

ても、自治体等の公的機関や民間企業を含めて考えれば、おのずと「いつ・なにを・どうする」かを明らかにしなければならないことに気づく。「家族」という傘に覆われ曖昧にすることができていた「老後の面倒」を、これからは明確に定義していかねばならない。

　老後の伴走者は家族だけでも、公的機関だけでも、企業だけでも担えない。地域の特徴を反映しながらも、自治体などの公的機関、企業、その他の地域団体等のリソースを組み合わせ、新たなしくみを作る必要があるだろう。そのプロセスには、何よりも、生活者・当事者である住民が積極的に関与していかねばならない。そうすることで、私たちが本来追い求めてきたはずの「自分にとってふさわしい生・死」をかなえることができるはずである。

2022 年 5 月　筆者

目次

多様な支援事例でつかむ

自治体が直面する
高齢者身元保証問題の突破口
地域特性を踏まえたおひとりさま政策の提言

はじめに

序章 | 身元保証問題とは

　本書は、高齢者が人生を全うするにあたって発生する「身元保証問題」をテーマにしている。雇用に伴う身元保証（身元保証に関する法律に基づく）とは異なり、高齢期に発生する身元保証の需要には、法的な裏付けや明確な定義がない。範囲や定義が定まっていないことが一番の問題といえるが、読者の混乱を防ぐためにできるだけ整理をしておきたい。

狭義の身元保証問題

　医療機関への入院、介護施設等への入所にあたり、本人以外の「身元保証人（身元引受人）」等の名称で第三者の署名が求められる慣習がある。身元保証人としては主に親族が想定されている。配偶者では不可という条件が付いていることも多く、この身元保証人を依頼できる親族がいない場合、入院や入所を断られることがある。長寿化や家族関係の希薄化によって、身元保証人を依頼できる人がいない高齢者はこれからも増加することが見込まれている。本章の1において詳しく述べる。

広義の身元保証問題＝個・孤のライフ・エンディング問題

　入院や入所といった、重大な場面において身元保証人がいないという問題は深刻である。では入院や入所に際して、身元保証人を求める慣習がなくなれば問題が解決するのかというと、そうではない。本章の2で詳しく述べるが、高齢期において、身元保証人を頼める

ような身近な支援者（イメージされるのは主に子世代）がいない場合に生じうる困難は、より広範である。これはいわゆる「老後の面倒を見る人がいない」状態である。医療や介護が必要になった時、亡くなる時、亡くなった時に生じる様々な問題を解決するにあたって、高齢者を支援したり、時には代わりに解決するのが「老後の面倒を見る」ことといえるが、そのような存在がいないと、生活の質や死の質を保つことはかなり難しい。このような伴走的支援を当然のこととして提供する人を得ることは今や誰にとっても簡単ではない。長寿化によって「老後」が延長していく中、配偶者や子であっても誰かに伴走し続けるのは困難だからである。その根本には私たちのライフスタイルの多様化がある。家族や地域や慣習にとらわれることなく人生の選択肢を選びとれることは「個」としての幸福の追求につながっている。一方で、それは助力が必要な時に頼る人がおらず「孤」の状態に陥ることと表裏一体でもある。

　この問題については、すでに「おひとりさま問題」「身寄り問題」「周没期問題」「エンディング期問題」などの言葉で注目されつつあるが、明確な定義は未だ存在していない。本書では、これを誰もが「個」として生きて亡くなることが可能になった、いい換えればそれが求められるようになった時代における「個・孤のライフ・エンディング問題」と呼ぶ。

身元保証等高齢者サポート事業

　家族や親族に身元保証人を依頼できない人、依頼したくない人に対して、有償でサポートを提供する事業である。サービス内容は狭義の身元保証問題（身元保証人になってくれる人がいない）、広義

の身元保証問題（老後の面倒を見る人がいない）の双方を解決するためのものであることが多い。監督官庁がないことや、大手の事業者が倒産したことなどから、利用すべきでないという意見もあるが、今後の需要増加が見込まれる事業であり、健全な育成が望まれる。この事業については第1章で詳しく述べる。

1　狭義の身元保証問題

　身元保証人が必要とされるのは、入院する時と、新しい住まいに移る時が多い。それぞれの場面で何が期待されているか、改めて概観する。

入院場面での役割

　2017年に全国の医療機関を対象に行われた調査[1]では、身元保証人の役割や身元保証人が得られない場合の対応が明らかになっている。調査時点では65%の医療機関が入院時に身元保証人を求めており、身元保証人が得られない時は入院を認めないと答えた医療機関は8.2%あった。

　医療機関が身元保証に求めている役割としては、入院費の支払が87.8%と最も高く、次いで緊急の連絡先、債務の保証と続いている。しかしそれ以外にも本人の身柄引き取り、医療行為の同意、遺体・遺品の引き取り、入院診療計画書の同意は半数またはそれ以上の医療機関が求めている。

---

1) 山縣然太朗ほか「医療現場における成年後見制度への理解及び病院が身元保証人に求める役割等の実態把握に関する研究」（厚生労働省、2018年）

　これより前の 2014 年（2017 年改訂）に半田市地域包括ケアシステム推進協議会が作成した「「身元保証等」がない方の入院・入所にかかるガイドライン」でも、医療機関や施設が身元保証人に求めている内容は①緊急連絡先、②入院費・施設利用料の支払代行、③本人が生存中の退院・退所の際の居室等の明け渡しや、退院・退所支援に関すること、④入院計画書やケアプランの同意、⑤入院中に必要な物品を準備する等の事実行為、⑥医療行為（手術や検査・予防接種等）の同意、⑦遺体・遺品の引取り・葬儀等だと整理されている。

　保証人という言葉からは金銭的な保証、つまり入院費の支払が連想されることが多いが、実際に求められている役割はもっと広範である。また、入院費の支払についても「支払代行」という言葉が示しているように、金額の問題というよりは「支払うという行為」を本人が一人で行えないことがあり、それを代行することが求められている。

　また、医療行為への同意は本人だけの権利であり代行はできないが、意思決定が難しい患者への説明に同席し、意思決定に参加する人が求められている。入院中に必要な物品を準備すること、亡くなった後の遺体や遺品の引取りも求められている。

　つまり、本人が自ら行えないことを代わりに行ってくれる人が入院場面における身元保証人の役割である。また特に終末期医療を始めとした重大な意思決定の場面においては、ある決定（手術を受ける／受けない、延命治療を希望する／しない等）に関するその人の意向を推測するための情報の伝達や、本人に対する情報伝達といった支援も大きな役割である。

新しい住まいに移る場面での役割

（1）介護施設

　2017 年に、介護保険施設や認知症グループホーム、養護老人ホーム、軽費老人ホーム、有料老人ホーム 5,000 施設を対象に実施された調査[2]では、契約時に本人以外の署名を求めている施設が 95.9% にのぼった。その際に署名した人に求める役割は、緊急時（事故等）の連絡先が 93.1% と最も多く、亡くなった場合の遺体・遺品の引取りが 90.4%、入院する場合の入院手続き（入院契約）が 88.4%、施設利用料金の支払、滞納の場合の保証が 88.2% だった。そのほかには、予防接種や医療行為への同意も 7 割以上の施設が期待していた。

　また、財産管理・契約・医療・退所・死後事務の最も重要なものはどれかという問いには、「すべて重要なので選べない」という回答が最も多かった。施設利用料金の支払以外については、医療に関することや亡くなった後のこと、何らかの事故といった、居住施設の通常業務の範疇を超える部分について対応する人を求めていることがわかる。

（2）賃貸住宅

　高齢期になると、それまで居住していた住宅が老朽化して退去を求められるとか、階段の上り下りが難しくなって住み続けられないなどの理由で転居の必要が生じる。しかし、特に単身の高齢者が民

---

2)「介護施設等における身元保証人等に関する調査研究事業」（みずほ情報総研、2017 年）（https://www.mizuho-ir.co.jp/case/research/pdf/mhlw_kaigo2018_04.pdf）

間の賃貸住宅に入居することが簡単でないことは以前から指摘されてきた。調査によると、高齢者世帯に民間賃貸住宅を提供する際の課題として大家の理解が得にくいことがあり、その理由は「孤独死の恐れがある」が最も多く、次いで「意思能力を喪失する恐れがある」、「高齢者向けに設備等が対応しておらず、事故の可能性がある」といったものである。身寄りのない高齢者が亡くなった後で残置物の撤去を行う人がいなかったり、火の不始末によって火災が起きたり、片づけができなくなってゴミ屋敷になってしまうなど、大家の負担が大きかった事例はよくある。伊賀市社会福祉協議会が行った調査では、保証人に対する期待として、家賃滞納への対応はもちろん、上記のような、本人が解決できない問題が発生した際の対応を求める回答が多くみられていた。

　また、住宅セーフティネットの中核である公営住宅において保証人が確保できずに入居を辞退する例があり、その中には民間賃貸住宅への入居が困難な単身高齢者（生活保護受給者、身体障がい者）も含まれていることが指摘された。当時、保証人を免除する特例措置を導入していなかった都道府県が理由としてあげたのは、①入居者の緊急時の対応、②家賃滞納への対応及びその保証だった。なお、国土交通省は2018年に公営住宅管理標準条例（案）から保証人に関する規定を削除し、都道府県と政令指定都市を対象に通知している。

■図表１　身元保証人が対応することが期待される高齢者のリスク

【高齢者が身元保証人を求められる契機とその後のリスク】
※身元保証人には、ニーズの発生（転居、入院）以降のリスクに対応することが求められる。

リスク	家（貸主）	医療施設・リハ施設	長期療養施設
①金銭（未払いリスク）	賃料が支払われない	費用が支払われない	費用が支払われない
②情報・意思（どうしたらいいか聞けないリスク）	死後の手続きができない	治療計画を決められない死後の手続きができない	ケア計画を決められない死後の手続きができない
③人（身近な支援者がいないリスク）	身の回りの世話ができない孤独死後発見できない	身の回りの世話ができない退院時の手続きができない	施設外への付き添い（緊急入院時）ができない

〈作成〉日本総合研究所

2 広義の身元保証問題（個・孤のライフ・エンディング問題における身元保証人の役割）

身元保証人に期待されている役割は、人手と情報の提供

　ここまで、入院時と入居時における身元保証人の役割について述べた。身元保証人が対応することを期待されているリスクをまとめると（図表１）のようになる。

　高齢期は、心身機能の低下に伴って、医療を受ける必要が生じたり（入院）、それまでの住居では生活が続けられなくなるなどして（転居・入所）、居場所を移らなければならないことが起こりやすい時期である。入院や転居・入所の際には「身元保証人がいる・いない」ということが課題として顕在化しやすく、必要な居場所移動を達成するためになんとかその「身元保証人」を探すという状況になる。その時、必ずしも身元保証人となる人が何を保証するのかについては明らかにされない。

　実際には、身元保証人に期待されているのは、「この先、この高齢者に何があっても本人に代わって対応してくれること」である。転居であれば、単に居住中の家賃の支払を保証するだけでなく、孤独死を防ぐことや、亡くなった場合の残置物撤去、あるいは何らかの事故があればその原状復帰などが含まれる。介護施設であれば、施設外の病院への付き添いや死後の対応、医療施設であれば医療行為への同意や身の回りのこまごまとした世話や死後の対応が含まれる。

　高齢期は心身の機能が低下していく中、新たな課題解決を次々と行わなければならない時期であり、これが「個・孤のライフ・エンディング問題」の本質といえる（**図表 1-3**、25 頁）。これまでの「身寄り」が果たしてきたのは、そういった新たな課題解決において本人を助けたり、本人に代わって課題を解決することである。身元保証等高齢者サポート事業はよく「家族代わり」をうたうが、実際に身元保証人に求められている内容はむしろ「本人代わり」であるともいえる。

第1章 | 高齢者の「身元保証」問題とその背景

日本ライフ協会の破たんで注目された「身元保証等高齢者サポート事業」

日本ライフ協会の事業内容と破たん

　2016 年 4 月 27 日、公益財団法人日本ライフ協会（以下、日本ライフ協会）は大阪地裁から破産開始決定を受けた。日本ライフ協会は「みまもり家族事業」として、家族に負担をかけたくない、あるいは家族の支援を受けられない高齢者や障がい者に対して、「家族の役割を果たす終身サポートシステム」を提供していた。具体的には生活支援として、身元保証人になること、万一の時の事務手続きを支援すること、日常生活の支援、夜間・休日等の救急支援、施設等への入所（入院）・移動その他の支援、その他の希望に応じた随時支援、電話等安否確認支援を提供していた。また葬送支援業務として葬儀支援、墓地・納骨支援、墓地管理及び墓参支援、墓石撤去・遺骨管理支援、お布施の支払支援を提供していた。つまり、高齢者が医療サービスや介護サービスを利用しながら生活し亡くなるまで、また亡くなった後に家族・親族が行ってきたことをそのままサービス内容としていた。

　2002 年に事業を開始し、2010 年に内閣府公益認定を受けて「公益財団法人」となったことで信頼感が高まり、破産時点での会員は 1,992 名、全国に事務所を 17 か所構えるほどに事業を拡大させてい

た。しかし 2016 年に、会員が預託していた 4 億 8 千万円あまりの金銭を日本ライフ協会の事業等に不正に流用していたことが発覚し、内閣府から公益財団法人の認定を取り消された[1]。この預託金は、会員が危篤になったり死亡したりした時、知人への連絡から葬儀・納骨を行うための資金だった。公益法人認定時は、会員と日本ライフ協会と共助事務所（法律専門職）が三者で契約し、共助事務所が預託金の保全・管理を行うことになっていたが、日本ライフ協会は途中でそれを会員との二者契約に変更して自法人で預託金を預かることにし、預かった金銭を事業に流用したのである。

　すでに 2015 年の段階で債務超過に陥っていた日本ライフ協会はその後経営破たんから破産手続きに移行したため、契約者はサービスを受けることができなくなり、預託していた金銭も返還されないという重大な消費者被害が発生した。

　この消費者被害について消費者委員会が調査を行ったところ、独居高齢者人口の増加に伴って、主に一人暮らしで身寄りのない高齢者を対象とした身元保証や日常生活支援、死後事務等に関するこの種のサービスの需要が高まっていることがわかった。ただし、「身元保証等高齢者サポート事業」というカテゴリーすら消費者委員会の調査報告書の中で新たに定義されていることでもわかる通り、この種のサービスをとらえる既存の枠組みは存在せず、需要に応じてそれぞれの事業者が独自にサービスを提供しているに過ぎない状態であった。いわば、まだ名前のついていないサービスであったため、

---

1) 「公益認定等委員会による公益認定取消しの勧告書」（内閣府、2016 年 2 月 5 日）

これを規制したり監督したりすることはおろか、どのような事業者が、どこにいくつ存在するのかという基本的な実態把握も難しく、破たんした日本ライフ協会が契約者に提供した他の同種の事業者のリストが存在する程度であった。

　次に述べる消費者委員会の建議に対応して、厚生労働省や国土交通省が実態把握を行い、その結果を踏まえて通知の発出等が行われたものの、その後も身元保証等高齢者サポート事業の定義や監督官庁はなく実態把握が困難な状況は続いている。

消費者庁の建議

　「身元保証等高齢者サポート事業に関する消費者問題についての調査報告」に基づき、2017 年 1 月に消費者委員会による「身元保証等高齢者サポート事業に関する消費者問題についての建議」が出された。建議にはこのように書かれている。

　　我が国は、少子高齢化の進展により人口減少社会に突入しており、同時に、単身世帯の増加、親族の減少、あるいは近隣関係の希薄化といった状況がみられる。

　　こうしたことを背景に、一人暮らしの高齢者等を対象とした、身元保証や日常生活支援、死後事務等に関するサービスを提供する新しい事業形態（本建議における「身元保証等高齢者サポート事業」）が生まれている。

　　身元保証等高齢者サポート事業については、指導監督にあたる行政機関が必ずしも明確ではなく、利用者からの苦情相談についてもほとんど把握されていないのが実情である。

　当委員会はこうした状況を踏まえ、身元保証等高齢者サポート事業に係る消費者被害の防止のために、消費者庁及び消費者委員会設置法（平成21年法律第48号）に基づき、内閣府特命担当大臣（消費者及び食品安全）、厚生労働大臣及び国土交通大臣に対し、次の通り建議する。また、この建議への対応について、各大臣に対して、平成29年7月までにその実施状況の報告を求める。

（建議事項1）

　消費者庁及び厚生労働省は、消費者保護の観点から、以下の取組を行うこと。

（1）消費者庁は、身元保証や死後事務等を行う身元保証等高齢者サポート事業による消費者被害を防止するため、厚生労働省その他関係行政機関と必要な調整を行うこと。

（2）厚生労働省は、関係行政機関と連携して、身元保証等高齢者サポート事業において消費者問題が発生していることを踏まえ、事業者に対しヒアリングを行うなど、その実態把握を行うこと。

（3）消費者庁及び厚生労働省は、関係行政機関と連携して、前記（2）を踏まえ、<u>消費者が安心して身元保証等高齢者サポートサービスを利用できるよう</u>、必要な措置を講ずること。

（建議事項2）

　厚生労働省は、高齢者が安心して病院・福祉施設等に入院・入所することができるよう、以下の取組を行うこと。

（1）病院・介護保険施設の入院・入所に際し、身元保証人等がいないことが入院・入所を拒否する正当な理由には該当しな

いことを、病院・介護保険施設及びそれらに対する監督・指導
権限を有する都道府県等に周知し、<u>病院・介護保険施設が身元
保証人等のいないことのみを理由に、入院・入所等を拒む等の
取扱いを行うことのないよう措置を講ずること。</u>
（２）病院・福祉施設等が身元保証人等に求める役割等の実態
を把握すること。その上で、<u>求められる役割の必要性、その役
割に対応することが可能な既存の制度及びサービスについて、
必要に応じ、病院・福祉施設等及び都道府県等に示すこと。</u>求め
られる役割に対応する既存の制度やサービスがない場合に
は、必要な対応策を検討すること。

（建議事項３）

　消費者庁、厚生労働省及び国土交通省は、消費者が安心して
身元保証等高齢者サポートサービスを利用できるよう、<u>サービ
スを選択するにあたり有用と思われる情報提供を積極的に行う
こと。</u>

（一部抜粋、下線は筆者）

　身元保証等高齢者サポート事業の監督官庁は決まっていないが、
この建議は厚生労働大臣と国土交通大臣に対して行われている。

　建議においては、身元保証等高齢者サポート事業の利用者の多く
を占める一人暮らしの高齢者は、終末期及び死後の事務処理を自ら
行うことは困難で、このことは収入や資産の多寡にかかわらず深刻
な課題であることがまず指摘されている。厚生労働省には高齢者の
福祉の観点から、身元保証等高齢者サポート事業に関する実態把握

を行うべきとされた。

　また、多くの医療機関や福祉施設（介護保険施設、認知症高齢者グループホーム、養護老人ホーム、軽費老人ホーム、有料老人ホーム等）が高齢者の入院・入所にあたって身元保証人を求めることが身元保証等高齢者サポート事業の利用につながることから、身元保証人を求める側の理由や背景の実態把握も厚生労働省に対して求められた。同様に、賃貸住宅への入居の際の身元保証が身元保証等高齢者サポート事業の利用と関連していることから、すでに国土交通省が行っている高齢者の賃貸住宅への入居の円滑化の施策とあわせて、消費者が適切な選択をできるようにすることが求められた。

　この建議では、人口減少や家族・親族の減少を背景に、身元保証等高齢者サポート事業を必要とする人が増えることを踏まえて、消費者が安心してこのような事業を利用できるように情報を提供すべきということと、あわせてこの事業をやむなく利用しなければならない状況を減らすことも意図されている。

身元保証等高齢者サポート事業のサービス内容

　身元保証等高齢者サポート事業には、現在も正式な定義はなく、事業者団体も現在のところ存在しない。ただ、提供されているサービスは（事業者によって多少異なるものの）概ね同様である。消費者委員会は、高齢者等に対し、以下のうち少なくとも身元保証サービスまたは死後事務サービスとして掲げたものを提供する事業を「身元保証等高齢者サポート事業」と整理した。

▶ 身元保証サービス

病院・福祉施設等への入院・入所時の身元（連帯）保証

賃貸住宅入居時の身元（連帯）保証

➤ 日常生活支援サービス

在宅時の日常生活サポート

（買物支援、福祉サービスの利用や行政手続等の援助、日常的金銭管理等）

安否確認・緊急時の親族への連絡 等

➤ 死後事務サービス

病院・福祉施設等の費用の精算代行

遺体の確認・引取り指示

居室の原状回復、残存家財・遺品の処分

ライフラインの停止手続き

葬儀支援 等

　簡単にいうと、入院・入所・入居の際に「身元保証人」「身元引受人」になるのが身元保証サービス、亡くなった後の事務手続きを行うのが死後事務サービスであり、少なくともこのうちどちらかをメインのサービスとして掲げているのが身元保証等高齢者サポート事業である。

　身元保証人・身元引受人がどのように要請されるかについて例を示しておく。これはとある医療機関の HP にある入院手続きの説明の一部である。

入院の申込書について

入院申込書を身元引受人・連帯保証人の連署の上、入院当日入

院受付に提出してください。

[身元引受人について]

身元引受人は、同一世帯・別世帯は問いません。

（同一世帯の配偶者・父母など、別世帯の父母・子ども・兄弟、
親戚など）

[連帯保証人について]

連帯保証人は、<u>患者さん・身元引受人と別世帯の方に限ります。</u>

（親戚・知人・友人・別世帯の父母・子ども・兄弟など）

（下線は筆者）

　このように、入院をする際に、本人以外の署名を求める医療機関
は少なくない。連帯保証人については、同じ家計では不可という条
件がついている。単身世帯はもちろん、夫婦のみ世帯でも、誰かに
改めて連帯保証人を依頼しなければならない。頼む人がいない場合、
有償で身元保証人（身元引受人）、連帯保証人となることが身元保
証等高齢者サポート事業の中核サービスである。

　身元保証と死後事務は密接に関連している。医療機関や福祉施設、
賃貸住居の貸主が身元保証人を求める理由の1つに、本人が亡く
なった後の死後事務を確実に行ってほしいということがあるため、
身元保証人としての役割を果たそうとすれば死後事務は当然セット
になる。また、死後事務サービスの利用を検討する人は、身近に頼
れる人がおらず、生前の身元保証のニーズを持つことが多いことか
ら、やはり死後事務サービスと身元保証サービスがセットになる。

日常生活支援サービスの提供をどのようなスタンスで行うかは、事業者によって異なる（緊急時限定の場合と、日常的に利用可能な場合がある）。入院や入所を身元保証人がいないという理由で断ってはならないという厚生労働省の通知[2]は出ているものの、保証人を求めること自体が禁止されているわけではなく、入院・入所の順番が先送りになるなどの形で実際にサービスの利用が難しくなることは変わっていない。

　利用者は多様だが、例えば以下のような場合がある。

・入院をきっかけに利用した例

　Aさん（75歳女性）は、夫に先立たれて以来一人暮らしである。子どもはなく、遠方に甥や姪がいるが、年賀状程度の付き合いである。体調不良で受診したところ、手術が必要な状態であることがわかり、入院することになった。以前に入院した時は甥になんとか身元保証人を頼んだが、甥も体調が優れないため今回は頼むことができない。病院に相談したところ身元保証事業者を紹介してくれたので契約し、身元保証人になってもらった。手術の説明や同意には身元保証事業者が同席し、退院する際に、介護保険の利用申請や自宅のリフォームの手配は身元保証事業者が行った。退院後も通院の付き添いは身元保証事業者に依頼している。任意後見契約や死後事務委任契約もこれ

2）「身元保証人等がいないことのみを理由に医療機関において入院を拒否することについて」（平成30年4月27日医政医発0427第2号）、「市町村や地域包括支援センターにおける身元保証等高齢者サポート事業に関する相談への対応について」（平成30年8月30日老高発0830第1号・老振発0830第2号）

から身元保証事業者と結ぶ予定である。

・夫婦2人で利用した例

　Bさん（85歳男性）とCさん（80歳女性）夫婦には外国で暮らす息子が1人いる。Cさんは足が悪いので、普段はBさんが買い物をし、Cさんは家事をしている。ところがBさんが車で事故を起こし、緊急搬送されてしまった。病院では身元保証人を求めているが、Cさんは高齢であり、病院に自力で行くことが困難であることから、別の人を身元保証人にするようにいわれてしまった。困ったCさんが知人に相談すると、市役所の窓口に連れて行ってくれた。地域包括支援センターも相談に乗ってくれ、Cさんの介護保険利用申請手続きを進めることになったが、当面のBさんの世話やCさんの生活については、息子に相談の上で、地元の身元保証事業者に依頼することにし、BさんCさんそれぞれに利用契約をした。契約直後に大きな地震があり、Cさんの家で家具が倒れてしまった際に、身元保証事業者に依頼して片づけてもらった。事故を起こした車の処分や保険の手続きも身元保証事業者に依頼してやってもらった。

・実際のサービスが必要になる前から契約しておく例

　Dさん（65歳女性）は専門職として長く仕事をしてきた。定年退職をきっかけに終活に興味を持つようになり、色々と調べていたところ、ある身元保証事業者の終活セミナーが近くで開

催されることを知り、参加することにした。独身で遠方に親族がいるが、普段ほとんど付き合いがなく、自分の死後には財産はすべて現金化して交通事故遺児の支援団体や動物愛護団体など寄附したいと考えている。勉強会では死後事務委任について知ることができたが、生きている間も入院などの際に助けてくれる人が必要になることを知ったので、死後事務だけでなく身元保証の契約もしておくことに決めた。契約した後はまだ特に依頼することがないので、財布に身元保証事業者の電話番号が書かれている緊急連絡先カードを入れ、冷蔵庫にもカードを貼っている。身元保証事業者からは半年に1回はがきが来るので、ひとこと書き添えて返信するのを楽しみにしている。

　これらの例からわかる通り、公的介護保険制度や成年後見制度等に比べて、制度利用の申請が不要で、誰でも迅速に利用が開始できること、依頼する内容の自由度が高いことが身元保証等高齢者サポート事業を利用する際のメリットである。

身元保証等高齢者サポート事業の担い手の広がり

　これまで見てきた通り、身元保証等高齢者サポート事業は家族や親族が高齢者に対して行う支援を原型としてサービス化したものである。では、この事業を行っているのはどのような事業者なのだろうか。

　日本総合研究所が実施した調査研究では全国の91事業者を対象にアンケート調査を実施し、44事業者から回答を得た。契約者数が1,000名を超える事業者は、事業開始年が早い2事業者のみで、

大半は地元密着の小規模事業者である。葬儀関連の事業者が早くから身元保証等高齢者サポート事業を開始し、近年は弁護士・司法書士・行政書士といった士業をはじめ、多様な主体が参入してきている。

ヒアリングからは、葬祭関連の事業者は、独身であったり、死別によって単身となった人から「自分が死んだら誰が葬儀埋葬をしてくれるのか」という相談を受ける機会があり、早くからこのサービスの需要に気づいたことが伺える。法律関係の事業者については、任意後見契約への導入やその補完として、身元保証等高齢者サポート事業を位置付けていることが多い。その他には地域でのボランティア活動等からサービスを開始する例も増えている。監督官庁や規制がなく、資格も不要であり、大きな設備投資も必要ないことから、身元保証等高齢者サポート事業を立ち上げること自体はさほど難しくなく、今後も様々な主体が参入することが想定できる。身元保証等高齢者サポート事業はいわば草の根的な広がりを見せている状況であり、全国的に事業者を把握したり指導監督することの難しさは増していると考えられる。

民間事業者の実態は第3章でさらに詳しく述べることとする。

また、社会福祉協議会が身元保証等高齢者サポート事業と同様のサービスを提供している事例も増えてきており、今後の解決策として有望だと考えられる。その内容は第2章で詳しく紹介する。

2　身元保証等高齢者サポート事業を利用するのは誰か

「老後の面倒を丸ごとみてほしい」切実な願いを持つ高齢者（調査データ）

　国民生活センターと全国の消費生活センターに寄せられた相談はPIO-NETというデータベースに蓄積されている。日本総合研究所では、このPIO-NETのデータを用いて、2017年12月までに寄せられた身元保証等高齢者サポート事業に関する消費者生活相談666件の分析を行った。自ら消費生活センターに問い合わせる積極性を持った高齢者の、相談内容から読み取れる範囲の分析であるという限界を踏まえつつ、どのような人がどのような思いで身元保証等高齢者サポート事業の利用を検討するのかについて述べたい。

　まず、「自分は身寄りがなく」「夫婦のみで子どもはおらず」といった内容から、独居や高齢者のみの世帯であることが明確な場合が半数以上を占めていた。事業の利用動機について最も多かったのは、「生きているうちに死後のことも手配しておきたい」というものであり、その他には「自分の死後に遺される夫が心配」「子どもがいないので老後が不安」というものもある。そういった不安を抱えた人が、マスコミの報道や広告を通じて事業の存在を知り、利用を検討しているが事業者の信頼性が気になるとか、信頼のおける事業者を紹介してほしいといった相談を多く寄せている。

　「ある事業者について新聞広告で見て資料を取り寄せてセミナーにも参加した。生涯にわたりいろいろと面倒をみてくれるそうだ。契約したいと思うがどうか」「xx万円を払えば老後の面倒をみて施

■図表1-1　身元保証等高齢者サポート事業契約者の世帯状況の分布

事業者	契約者に占める割合（%）				
	独居	配偶者と同居	子と同居	その他	
A	6	0	0	94	その他は施設入居
B	35	10	5	50	その他は施設入居
C	95	5	0	0	
D	70	25	1	4	
E	70	29	1	0	
F	88	13	0	0	
G	85	10	1	4	
H	0	0	0	100	その他は施設入居
I	67	0	8	25	
J	80	10	0	10	
K	98	2	0	0	
L	75	13	13	0	
M	78	0	0	22	
N	42	58	0	0	
O	90	10	0	0	
P	80	20	0	0	
Q	-	-	-	-	
R	97	3	0	0	
S	69	24	4	4	
T	91	6	3	0	
U	73	21	2	3	
V	84	12	0	4	
W	78	22	0	0	
X	83	17	0	0	
Y	83	17	0	0	

〈出典〉「地域包括ケアシステムの構築に向けた公的介護保険外サービスの質の向上を図るための支援のあり方に関する調査研究事業」（日本総合研究所、2017年）

設等も紹介してくれるようだがこの組織の信用性を知りたい。苦情は寄せられていないか」といった相談内容から読み取れるのは、何が起こるかわからない老後への切実な不安と、それを「丸ごと」任せられるかもしれない事業者への藁をもすがるような思いである。事業者へのアンケートからは、実際に利用契約に至るのは医療機関や介護施設から紹介される場合が多く、身元保証人が本当に必要に

■図表1-2　高齢者の家族構成の変化と身元保証等高齢者サポート
事業者数

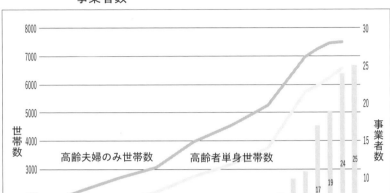

〈出典〉「地域包括ケアシステムの構築に向けた公的介護保険外サービスの質の向上を図るための支援のあり方に関する調査研究事業」（日本総合研究所、2017年）

なってからであることがわかる。だが、老後に頼る人がなく、身元保証等高齢者サポート事業のようなサービスを求めている潜在顧客は相当に多いと考えられる。

家族・世帯の小規模化や疎遠化によって進む個人化（統計データ）

　身元保証等高齢者サポート事業者へのアンケート結果によると、利用者の圧倒的多数は独居で、次いで高齢夫婦のみである（図表1-1）。また、身元保証等高齢者サポート事業者の増え方と、高齢単身世帯・高齢夫婦のみ世帯の増え方は軌を一にしており、家族構成の変化によって需要が高まっていることがわかる（図表1-2）。

　令和2（2021）年版厚生労働白書 には、「縮小する地域」「縮小する世帯・家族」という節が設けられている。若い世代の地方から首都圏への労働移動によって自治体が小規模化し、単身世帯、夫婦のみ世帯、ひとり親と子どもから成る世帯の増加といった形で世帯が小規模化していることが示されている。65歳以上世帯主世帯、なかでも単身世帯の増加は著しく、2040年には896.3万世帯（世帯総数の17.7%）になると推計されている。

　また、現在の高齢単身世帯は配偶者と死別した人の割合が高く、離れて住む子世代がいることも多いが、今後は未婚の人の割合が大幅に増えると推計されている。また、子世代がいる場合にも、同居、介護、経済的援助に賛成する割合は減少しており、いつも一緒に生活するよりは、時々会うことを好む傾向にある。つまり、世帯成員の数的な減少だけでなく、関係性の希薄化も同時に生じている。木脇ら[3]はこれを「近代家族パラダイムの変容－個人化・単身化と高齢者の孤立－」として、家族の「個人化」を論じている。子どもが高齢の親の面倒を見ること、高齢の親が子どもに面倒をみられることはもう当然ではなく、それぞれが個人としてのライフスタイルを重んじながら、交渉や駆け引き、共感や配慮の中で合意形成をしていかねばならない。

　現在は身寄りがないことが身元保証等高齢者サポート事業の利用の主な動機であり、必要に迫られて契約することが多いが、今後は家族がいたとしても、負担をかけられないとか、個人のライフスタ

3）木脇 奈智子、新井 康友「日本における家族パラダイムの変容と高齢者の孤立」藤女子大学 人間生活学部紀要（52）、65-74、2015年

■図表1-3　高齢者課題解決が必要となる場面

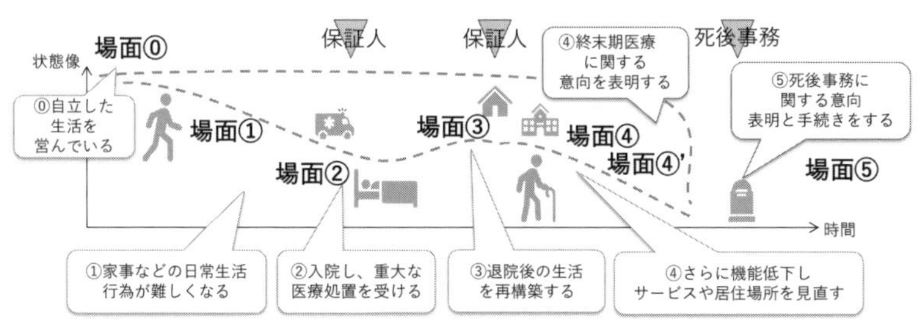

〈作成〉日本総合研究所

イル上の選択として身元保証等高齢者サポート事業を利用するケースが増える可能性が高い。

身近で頼れる人がいない高齢期の難しさ（実際の事例紹介（調査データ））

　子世代が高齢の親を身近で支援する前提が成り立たず、さらに自治体の小規模化も進んで公共サービスのアクセス悪化も懸念されると、高齢期にどのような課題が生じうるだろうか。

　先述の厚生労働白書では、高齢単身世帯における日常的な会話の頻度の少なさ、ちょっとした手助けの得にくさ、介護や看病で頼れる人がいないことなどを例示している。他には、孤立死だけでなく、セルフ・ネグレクトも含め自らの権利擁護ができなくなること、死後に遺体の引取り手や埋葬する人がいないことから無縁仏となってしまうこと、空き家が残り自治体が扱いに苦慮することなどが社会課題となってきている。

　特に、身近に頼れる人がいない（「身元保証人」や「引受人」になっ

てくれる親族がいない）高齢者はこれらのリスクが高いとみなされ、医療や介護等の必要なサービスを受けられない場合があることも課題となっている。このように、周囲にいつでも助けてくれるような人がいない場合、複数の困難が生じうる。

　高齢期に起こりうる出来事や必要な意思決定を模式図にしたものが**図表1-3**である。高齢期は自らの心身機能が低下したり、配偶者の心身機能が低下するなどをはじめ、それまでの生活を支えてきたものが大きく変化する時期である。例えば配偶者が病気のために食事を作れなくなったり、運転できなくなった場合、食事や移動に関する別の手段を見つけなければならない。より重大なものとしては、大きな手術や介護施設への転居、死亡後の葬儀・火埋葬や相続といった意思決定が次々と必要になる。心身機能が若い時と比較して十分ではない中、それまでにしたことのないような、重大で新しい意思決定を行わなければならないのである。自分ではできず、家族に頼れないものについては、何らかの契約によって他者に委託をしなければならず、それもまた大きな負担となる。

　実際の事例を基にした想定例は以下のようなものである。

・親族との関係が悪くなりこれからの支援が望めなくなった例

　Eさん（68歳男性）は10年前に妻と死別して以来一人暮らしで、娘が隣の市に住んでいるが、妻の死去前後で喧嘩をしてそれ以降は連絡を取っておらず、連絡先もわからない。自分の兄と弟が遠方に住んでいるが、それほど連絡を頻繁にとるわけではない。最近視力が低下したため運転免許を返納した。体調を崩すことも増えており、これから先のことを考えると不安だ

が、誰に相談していいのかもわからない。

・IADL の低下に伴って自宅での生活が難しくなった例

　Ｆさん（78歳男性）は一人暮らしで、離婚した妻に引き取られた息子がいるが、疎遠である。火の不始末でフライパンを焦がしたり、家の中で転倒して骨折したりといったことが続き、自宅での生活に不安を感じるようになった。介護施設に入居しようと思い、新聞広告を頼りにいくつか資料を取り寄せ、見学に行った。よさそうな施設があったので入居したいが、家族などの保証人がいないと難しいといわれた。また、今住んでいる賃貸住宅の解約や、家具や荷物の始末を考えるとどうしてよいかわからず途方に暮れてしまう。

・余命がわずかなことが判明した例

　Ｇさん（82歳女性）は夫と死別して以来一人暮らしで、介護保険の家事援助サービスを利用して自宅で生活している。あまり人づきあいがなく、親戚づきあいもない。体調がすぐれないため受診したところ、余命が1か月程度であることがわかった。徐々に意識レベルも低下していく中で、葬儀と埋葬や、相続のための相続人探しをすることが必要になった。

　これまでのように家族・親族が手助けする場合は、家族が慌てたり負担を感じたりすることはあっても、ＥさんもＦさんもＧさん

も自分が悩む必要はそれほどなかった。今は、悩んでいても対処する手立てがなく、問題が顕在化した時には自分ではどうしようもない状態になりがちである。問題が顕在化した時に居合わせた専門職（自治体や福祉機関の職員や、医療機関の職員、ケアマネジャーなど）が試行錯誤し、時には職務範囲を超えた関わりをすることによってなんとか解決していることも多々ある。その中で、法律専門職や身元保証等高齢者サポート事業につながることもあるが、まだ一般的とまではいえない。

身元保証等高齢者サポート事業の魅力と危うさ

　これまで家族・親族が明文化することなく高齢者に提供してきた支援を、有償で引き受ける（家族代行、契約家族といった言葉も使われる）のが、身元保証等高齢者サポート事業である。家族・親族は自分の意思で作れるものではないので、有償で家族・親族の役割を果たしてくれるこの事業は、頼れる家族・親族がなく不安を抱いている高齢者には救いの手のように感じられるだろう。また、家族・親族がいたとしても、他人にお金を払ってサービスを受けるほうが気楽という人も少なくないのではないか。公的制度と比べて利用開始のハードルが低く、頼めることの制限も少ないのも大きな魅力である。

　一方で、家族・親族が行っていることを契約にし、その対価を払い、満足のいくように利用するのは簡単なことではない。

　消費生活相談のデータを基に、身元保証等高齢者サポート事業の利用に伴って起こりがちな悩みやトラブルを整理したのが**図表1-4**である。

■図表1-4　身元保証等高齢者サポート事業の利用に伴って起こりがちな悩みトラブル

 高齢者サポートサービス利用の基本の手続きと
起こりがちな悩み・トラブル

◆ 「高齢者サポートサービス」を利用する際は、以下の手続き
が基本となりますが、次のような悩み・トラブルが起こる場
合があることに注意が必要です。

| 事業者・サービス内容の検討 | → | 「高齢者サポートサービス」について、どこに相談したらよいか分からない |

| 契約手続き | → | サービスごとの料金の違いや体系、支払うことになる総額がよく分からず、迷う |
| | → | サービス利用にかかる手続き（経済状況を明らかにする、遺言を書くなど）に納得がいかず、不満を感じる |

| サービス利用 | → | サービス利用の際に思ったようなサービスではないと不満を感じる |
| | → | サービス利用中に家族や第三者（地域包括支援センター、金融機関等）からサービスの内容等について聞かれても説明できず、不安になる |

| 契約の終了/解約 | → | サービス中止にかかる手続きがわからない・返金額に納得がいかない |
| | → | 死亡により契約が満了して初めてサービスの契約を知り、家族がびっくりする |

（悩みやトラブルの例）

手術を受けたいけれど、もう保証人を頼める人がいない

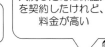
入院した時に保証人を契約したけれど、料金が高い

姪に迷惑をかけたくなくて契約したのに、騙されているかもしれないと怒られてしまった

〈出典〉「「身元保証」や「お亡くなりになられた後」を支援するサービスの契約をお考えのみなさまへ」(https://www.jri.co.jp/MediaLibrary/file/column/opinion/pdf/180331_mimotohosyo_2.pdf)（「地域包括ケアシステムの構築に向けた公的介護保険外サービスの質の向上を図るための支援のあり方に関する調査研究事業」（日本総合研究所、2017年）において作成）

■図表1-5　身元保証等高齢者サポート事業者によるサービスの
　　　　　 パッケージ化の違い

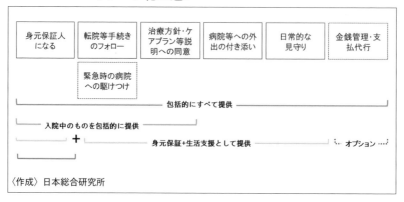

〈作成〉日本総合研究所

（1）サービス内容の複雑さ

　サービス内容全体としては事業者ごとに大きな差はなく、「身元保証等高齢者サポート事業」としてまとめてとらえることはできる。ただ、図表1-5のように、サービスをどのようにパッケージ化するかにはばらつきがある。例えば「身元保証サービス」というカテゴリーが含むサービスの範囲は事業者によって異なっており、入院や入所の際の身元保証人としての働きだけを含んでいる場合、生活支援も含んでいる場合、さらに金銭管理や支払代行も含んでいる場合がある。また、料金の発生の仕方も異なっている。各事業者は利用者にわかりやすいように、また支払がしやすいように独自の工夫をしているが、それがかえって、利用者にとっては事業者の比較検討がしにくいことや、結局全体でいくらかかるのかの見通しが立たないことにつながっている。

（2）サービス利用中の不満

　利用者が契約したあとに不満が生じるポイントとしては、「思ったようなサービスではない」ということがある。身元保証人や死後事務は、入院・入所・入居あるいは死後という特定の時点での関与が大きく、そのような「いざという時」に役に立つかどうかが重要である。一方で日常生活支援についてどのようなスタンスを取るかは事業者によって異なっており、大まかにいうと、緊急時限定で提供する事業者と、日常的に提供する事業者に分かれている。いつでも呼べば来てくれるのが生活支援だと期待していても、それがかなわない場合もあるということである。決め事の少ない柔軟なサービスだからこそ、期待と実際のずれが生じがちなのである。

　また、家族に頼むようなちょっとした用事（例えば日用品を買って届けてもらうなど）は、専門性が高いものではない。しかし、その用事にかかる時間分人を雇えば決して安くはない料金が発生する。当然のことのようでも、家族を標準と考えると高く感じられたり、周りの人から「そんなに高いお金を払っているのか」といわれてしまって不信感を抱くようになることがある。

　これらのことを踏まえて作られたのが**図表 1-6** のパンフレット[4]である。これは建議に対応した厚生労働省の調査（日本総合研究所が実施）の中で検討・作成されたもので、厚生労働省の通知[5]及び

---

4) 「「身元保証」や「お亡くなりになられた後」を支援するサービスの契約をお考えのみなさまへ」
　　（https://www.caa.go.jp/policies/policy/consumer_policy/caution/caution_018/pdf/
　　caution_018_180905_0001.pdf）
5) 「市町村や地域包括支援センターにおける身元保証等高齢者サポート事業に関する相談への
　　対応について」（平成30年8月30日老高発0830第1号・老振発0830第2号）

■図表1-6　身元保証等高齢者サポート事業の利用に関する普及啓発パンフレット

「身元保証」や「お亡くなりになられた後」を支援するサービスの契約をお考えのみなさまへ

● 日々の暮らしの中でちょっとした手伝いをしてほしい
● 入院や施設入所で「保証人が必要」と言われて困っている
● 自分が亡くなった後の葬儀・遺品整理が不安

　このような思いをお持ちの方を支援する「高齢者サポートサービス」を提供する事業者があります。内容や契約方法、料金等は様々であり、利用にあたってトラブルにならないよう、事前によく確認することが重要です。

　このパンフレットでは、サービスの利用を考えている方向けに、事業者やサービス内容を選ぶ上で注意すべきポイントをお伝えします。

〈出典〉「「身元保証」や「お亡くなりになられた後」を支援するサービスの契約をお考えのみなさまへ」（https://www.jri.co.jp/MediaLibrary/file/column/opinion/pdf/180331_mimotohosyo_2.pdf）（「地域包括ケアシステムの構築に向けた公的介護保険外サービスの質の向上を図るための支援のあり方に関する調査研究事業」（日本総合研究所、2017年）において作成）

■図表1-7　支援事例を提供した団体と事例数

区分	団体数	回収事例数
地方自治体	3団体	46事例
社会福祉協議会	9団体	31事例
居宅介護支援事業所	2団体	8事例
地域包括支援センター	3団体	4事例
医療機関	2団体	18事例
身元保証事業者	2団体	20事例
弁護士・司法書士	2団体	6事例
民生委員児童委員協議会	1団体	1事例

〈出典〉「公的介護保険サービスにおける身元保証等に関する調査研究事業」（日本総合研究所、2020年）

　消費者庁の事務連絡[6]によって、地方自治体への周知が行われている。基本的には、身元保証等高齢者サポート事業を利用するにあたって、利用者の側が何を期待するか、それにどのくらい支払うことが可能かを明確にした上で、しっかりと事業者に要望を伝えて交渉できるようにすることが意図されており、自治体をはじめとした窓口でもガイドとして利用できる。

3　自治体が身元保証問題に直面する時（事例を中心に紹介）

　日本総合研究所が実施した事例収集調査では、地方自治体や社会福祉協議会、地域包括支援センターといった公的な機関から身元保証人がいないために支援が難しかった高齢者の例が寄せられた。事例を寄せた団体とその数は**図表1-7**の通りで必ずしも公的団体だ

6）「身元保証等高齢者サポートサービスの利用に関する啓発資料等について」（平成30年8月30日消費者庁消費者政策課　消費者教育・地方協力課事務連絡）

けではないが、自治体が全く関与しないことはまれであるため、区別せずに以下の事例を紹介していく。

　まず、どのような場面で身元保証人がいなくて困難が生じたかというと、最も多いのが入院や転院の際の手続時、次に多いのが介護保険施設や居住系施設等への入所・入居時だった。また、検討や調整に最も時間を要した場面としては、介護保険施設や居住系施設等への入所・入居が多く挙げられていた。入院や転院が一時的なものであるのと比べ、介護保険施設や居住系施設への入所・入居は、今住んでいるところからの退去手続きや家財の処分も同時に必要になることから、かなり負荷が高い場面であると推測できる。

　どのような人が支援の対象になるかというと、男性の対象者が3分の2を占めていた。年齢層としては75歳から84歳が最も多かった。婚姻状況は未婚・離別・死別が多く、半数は子どもがいた。単身世帯が多いとはいえ、少なくとも半数には「身寄り」になりうる人、相続人になりうる人がいることがわかる。

　ここからは、①自宅で生活をしている時、②入院して治療を受ける時、③退院する時、④介護保険施設や居住系施設に転居する時、⑤終末期・死後の場面での困りごとの例を紹介する。

自治体の支援例から見える身元保証の困りごと─①自宅で生活をしている時

　自宅で生活していて何らかの困りごとが出てきた時は、介護保険制度をはじめとした、日常生活を支援するサービスの利用に必要な手続き・調整が行われることが多い。

　一方、今は困っていないが将来的に困ってしまうようなことにつ

いては、主に法律専門職との委任契約や任意後見契約によって対応していた。家族に代わって包括的・継続的な支援を提供してくれるサービス（身元保証等高齢者サポート事業）の利用も1つの選択肢である。

　いずれにしても、初めて人の助けを借りる、制度やサービスを利用することになる場面で、その必要性を自ら理解し手続きを行うことの負荷は高い。

　・介護保険サービスの利用の必要性を理解することが困難だった例

　　Hさん（73歳男性）は離婚歴があり、子はいるが疎遠で一人暮らし。アパートの大家から、本人の部屋の周りにごみが散らかっており、掃除もできていなさそうだという相談が自治体の生活保護のケースワーカーに寄せられた。本人には自分が困っているという自覚がなかったので、外出先で転倒したことをきっかけに、ケースワーカーが本人に対して、日常生活を一人で行うのが前より難しくなっていることの自覚を促した。

　　支援を受け入れるように本人と話をしてくれる人がいれば助かったと思うが、そのような人がいなかったため、生活保護のケースワーカーが介護保険サービスの利用を促した。

　　本人には手続きが難しかったので、ケースワーカーが介護保険要介護認定の申請や調査の調整及び立会いをし、ケアマネジャーの選定や連絡調整を行った。本人が介護保険サービスを利用する時、ある居宅介護支援事業所には、ケースワーカーが保証人になることを求められたが、応じなかったので契約を断

られた。ケースワーカーが援助して家の片づけを行い、生活支援サービスを受ける準備をした。その後は他の居宅介護支援事業所と契約した上で、定期的に訪問して状況を確認し、ケアマネジャーにも相談して本人の心配事に対応している。

　自宅での生活は、徐々に IADL が低下してきたとしても、それに自分で気づいて対処することが難しくなる。また、新しい手段（ここでは介護保険サービス）を利用することの発意、そのための手続きも自分では行いきることができない。この場合は、元々生活保護を受けていたため、ケースワーカーが身寄り代わりのようになって制度利用の必要性の説得や、手続きの支援調整、実際の片づけの支援を行い、新たな生活環境を整えている。

・身元保証人がいないことの相談をきっかけに将来への備えができた例

　Ｉさん（75歳女性）は数年前に緊急入院した時に、親族に身元保証人を頼んだところ関係が悪化してしまった。息子はいるが関係はよくない。これから先、入院が必要になった時にどうしたらよいか、本人からケアマネジャーに相談が寄せられた。ケアマネジャーが社会福祉協議会の日常生活自立支援事業担当につなぎ、本人を含めて相談をしたところ、入院の際の保証人だけでなく、自分の葬儀や自宅の処分もできない、どうしたらよいかといったように、次々と不安が顕在化した。日常生活自立支援事業の担当が、本人とともに希望を整理し、司法書士につないだ。司法書士と任意後見契約・死後事務委任契約を締結

し、遺言書を作成した。手続きの際に、<u>普段から相談相手であった知人が精神的な支え</u>になっていた。判断能力のあるうちは日常生活自立支援事業の担当（社会福祉士）が日常的に本人と関わり、<u>判断能力が不十分になれば司法書士が対応する</u>という分担をした。<u>実際に入院となった際、医療機関に支援体制について知らせ</u>、スムーズに対応してもらえた。

　この場合は、初回の入院で本人が苦労したことから、将来の不安について専門職に自ら相談をしている。相談できるようなケアマネジャーとすでにつながりがあったことが幸いし、社会福祉協議会や司法書士との連携によって手立てを講じることができた。また、その体制があることによって、医療機関への入院もスムーズに行えた。「老後の不安」は多岐にわたっているが、その中身を具体的に整理することで、複数の専門職が分担する手立てを打つことができた。

自治体の支援例から見える身元保証の困りごと―②入院して治療を受ける時

　入院は身元保証の問題で最もよく取り上げられる場面である。身元保証人が不在であることや、本人の意向が安定しないことなどによって、重大な医療処置が受けられない事例があった。

・本人の意思が明確であり、代わりに医療機関と交渉してくれる人がいたため緊急手術が受けられた例
　Jさん（74歳男性）は転倒し救急搬送されたところ、骨折のため緊急手術が必要になった。<u>本人は意思表示ができる状態</u>

> だったが、高齢であり認知機能に不安があるという理由で、手術の同意書に身元保証人のサインをするよう医療機関が要求した。サインできる人がいないと回答すると、手術ができないのですぐに退院するようにいわれた。本人の意思が確認できていたため、生活保護のケースワーカーが病院内での手術同意にかかる手続きの再検討を依頼した。結果として、本人の署名のみで手術がなされた。

　本人の意思が明確に示せたこと、本人の代わりに医療機関と交渉できる人（ここでは生活保護のケースワーカー）がいたことによって、手術が受けられた。身寄りのない人の入院・医療に関するガイドライン[7]に従うと、本人の判断能力があり、身寄りがない場合は、生活保護受給、日常生活自立支援事業の利用、身元保証団体の利用、介護・障害福祉サービスの利用の有無を確認し、利用がある場合は担当者に連絡して相談することになっている。それらを利用していない場合は、医療機関が本人の意思決定支援を行うことになっているが、本人をよく知り、代弁してくれる担当者がいない場合は、この事例のように退院を迫られてしまうことも少なくないと推測できる。

> ・本人の意思が明確でなく倫理審査委員会の検討を経て手術を

---

7)「身寄りがない人の入院及び医療に係る意思決定が困難な人への支援に関するガイドライン」（「医療現場における成年後見制度への理解及び病院が身元保証人に求める役割等の実態把握に関する研究」班、2019年5月）

受けたが、身の回りの世話をする人は確保できなかった例

　Kさん（92歳女性）は緊急搬送されたところ、がんと診断され、手術をするかどうか選択する必要性が生じた。Kさんには身元保証人がおらず、本人に説明をすると、その時は手術したいという意向を示すが、時間が経つと手術の話自体を忘れてしまい、一貫した意向が示されなかった。本人の意思が一貫しないため、病院のMSWが調整し、病院内での倫理審査委員会をはじめ、多くの知人が本人の現状に基づいて、どうするべきかを検討する場を持った。倫理審査委員会で検討した結果、手術をすることになった。

　年金の引出し、家賃の支払、身の回り品の購入、外来・転院時の付き添い、病状説明への同席、署名・捺印、緊急時の駆けつけ、転院や入所相談の面談・手続きなど、身寄りがいれば支援してほしいことはたくさんあったが、それらをMSWやケアマネジャーが代行せざるを得なかった。

　高齢で認知機能の低下がある人のため、手術をするかしないかの意思が定まらない例である。ガイドラインでは、判断力が不十分で成年後見制度を利用しておらず、親族や友人・知人がいない場合は緊急連絡先として市町村や地域包括支援センター等に相談することになっている。また、医療に係る意思決定は、本人への説明は十分に行いつつ、家族等が本人の意思を推定したり、本人に代わって医療者と話合うことになっている。この場合は家族等がいないため、病院の倫理審査委員会やその他の知人との話し合いが行われており、ガイドラインに沿った対応がなされた。一方で、細かな手続き

を行う人がおらず、MSW やケアマネジャーが業務の範囲外で対応せざるを得なかった。

自治体の支援例から見える身元保証の困りごと―③退院する時

　入院によって途切れてしまった日常生活に戻れるようにするにあたって、退院先に関する本人の希望と周囲の意見が食い違うことが課題になることが多い。具体的には、本人が自宅での生活を希望していても、送り出す側の医師が自宅での生活は困難であると判断する例や、受け入れる側の大家等が退院してくる患者の自宅復帰を拒否する例があった。

　また、退院に際しては、多数の手続きが必要となる。話をする、書面を読む、書類を記入する、お金を出し入れする、荷物を運搬するなどを支援する人や代行する人が得られにくいことは大きな課題である。

・入院をきっかけに自宅から退去を迫られたが、支援体制を組むことで自宅に戻れた例

　Lさん（79歳男性）について、自治体の高齢福祉担当課に、退院させたい病院と、入院を機に退居させたい大家から相談があった。本人は退院後は自宅に戻ることを希望していたが、それまで家賃の滞納があったので、大家は今後を心配していた。そこで、介護保険サービスの利用によってケアマネジャーとの接点を確保し、民生委員にも見守りを依頼した。介護保険の利用申請は、自治体の高齢福祉担当課と、地域包括支援センターが関与しながら、本人が手続きを行った。複数の人が関わる体

制ができたことで大家の理解が得られ、自宅に戻ることができた。それ以降、Lさんの様子についてはケアマネジャーや民生委員を通じ、自治体にも報告が入るようになっている。

本人が入院するまで対応に苦慮していた大家が、入院を機に退去を求めてきた例である。自治体に相談があったことでケアマネジャーや民生委員や地域包括支援センターが関与するようになり、自宅に戻ることができた。身寄りがいないことは、本人の周りの関係者の負担を増してしまうことがある。関わる人が増えることで負担が減り、大家は再度、本人を受け入れることができたといえる。

・急性期治療が終わった後の退院先の確保が困難だったが、死後の引取り手の確保と任意後見契約締結によって受け入れ先が見つかった例
　Mさん（68歳男性）は入院したところ人工肛門となり、その他複数の疾患を持つ身体状況からも退院してすぐに自宅に戻るのは難しいと思われた。転院か、医療スタッフのいる介護保険施設に入居を検討したが、どちらも身元保証人がいないと受け入れが難しく、長期入院になってしまった。地域包括支援センターや市の高齢福祉課の担当に病院から相談があり親族の探索とMさんとの相談を行った。遠方の親戚には連絡がつき、亡くなれば遺骨は引き取ると約束してくれたが、それ以外の協力は得られなかった。任意後見契約を結ぶことを条件に受け入れるという施設が見つかったので、Mさんに制度の説明を何度も行い、承諾を得た。

最初の入院は緊急性の高さなどから、身元保証人がいなくてもなんとか受け入れられたが、その後の転院を受け入れる先がなく、社会的入院のような形で長期化してしまっている。遠方の親戚がいて遺骨は引き取ってくれること、任意後見契約を結ぶことによって、料金の支払や死後事務に関する担い手に目途がつき、受け入れ先が「身元保証人」に求めることを部分的にでも満たしたために転院が可能になったと考えられる。

自治体の支援例から見える身元保証の困りごと―④介護保険施設や居住系施設に転居する時

医療サービス・介護サービスの必要性が増し、金銭管理をはじめとした日常生活上の支援が必須となる。それまでぎりぎりで続いていた生活が破たんしかけており、転居の必要が高まる。自分では課題認識ができなくなっている場合が多く、それを補うための手段調達を自ら行うことは当然難しい。例えば、認知機能の低下によって火の始末が不十分になって炊事ができなくなったり、身体機能の低下によって掃除や洗濯を行うことも難しくなってきた人が、自ら介護保険サービスを導入したり、高齢者施設への転居を決定したり、手続きを行うことはかなり難しい。そのように、課題を認識し、課題解決を行う主体が本人とは別に求められる場面であり、自治体の職員がその主体にならざるを得ないことも多々ある。身近な支援者がおらず日常生活が困難になったため施設入所の必要性が発生しているにも関わらず、（身元保証人になるような）身近な支援者が不在のため入所を断られるという形で課題が循環してしまう。

・ADLの低下や暴言のために生活場所の確保が困難で、自治体の生活保護の担当課が親族代わりに調整をしなければならなかった例

　Nさん（73歳男性）は路上で倒れて、救急搬送されることが続いた。自宅の室内も不衛生であり、自宅での生活継続は困難と考えられた。身寄りがなく、生活保護を受給していたため、自治体の生活保護担当のケースワーカーが課題解決の中心とならざるを得なかった。生活場所についての本人の意向は表明できるが、一貫性・合理性は乏しいものだった。緊急ショートステイをなんとか利用したが、暴言などがみられ、病院受診のためケースワーカーと外出したところ、ショートステイをしていた施設から退所を宣告され、行き場がなくなってしまった。緊急避難的に、自治体の担当課長が緊急連絡先を引き受けてショートステイの施設に戻った。最終的には入所施設への転居となった。

　生活保護担当のケースワーカーが、他課の支援も要請しながら、転居・入所の支援を行った。自宅の片づけや入所の付き添いも、自治体の生活保護担当課の複数の職員が行った。

　身寄りがなく、暴言などから支援者との関係を築くことが難しい人に対し、それまで関わりのあった生活保護のケースワーカーが家族・親族代わりに入所先の調整からトラブル対処、家の片づけまでを行っている。

・退院先を確保するために、弁護士が債務整理を行い、親族に
　負担がかからないようにして記入連絡先となってもらった例
　Ｏさん（78歳男性）は自宅で転倒し入院治療を受けた後、自
宅生活に戻ることは難しく、ショートステイを繰り返してなん
とかつないでいた。介護保険施設への入所をするためには、債
務整理と緊急連絡先の確保が条件となっていた。弁護士が入っ
ており、破産手続きを進めていたが、その間をショートステイ
でつなぐ調整に苦労した。並行して、親族に対しては、債務整
理を行うので、迷惑が掛からないことを説明し、緊急連絡先を
引き受けてもらった。

　弁護士が主導してそれまでの債務の整理や緊急連絡先となる親族
との調整を行っている。このような場合は緊急避難的な手段を駆使
しながら、入所先と交渉し手続きを進めることが必要になり、誰が
行うにせよ負荷の大きい場面である。

自治体の支援例から見える身元保証の困りごと―⑤終末期・死後

　死亡した後の遺体の引取りや火葬・埋葬、葬儀、住居と遺品の整
理、財産の処分や債務の返済などは当然自分では行えないので、誰
がどう行うかが主な課題となる。

・生前は日常生活自立支援事業によって支援していたが、死後
　の対応が難しかった例
　Ｐさん（74歳男性）は日常生活自立支援事業を利用していた

が、急死した。市の調査によって親族が存在することがわかった。市は、火葬にかかった費用や住居からの退去費用を親族に求め、社会福祉協議会は、預かっていた通帳印鑑を親族に返すべく連絡をとったが、一切の関わりを拒否されてしまった。そのため火葬にかかった費用や退去費用の弁済は受けられず、通帳や印鑑は貸金庫に保管している。遺骨は後々親族が現れた時のために移動可能な場所に埋葬した。自宅は放置されている状態であり、解決したというよりも、保留の状態である。

・生前は生活保護を受けていたが、死後の対応が難しかった例

　Ｑさん（76歳男性）は生活保護を受けながら自宅で生活していたが、死後数か月経過してから発見された。警察による本人確認に時間を要したが、その間、子どもと連絡を取り、死後の手続きについてケースワーカーが依頼したが拒絶された。死亡後に本人に振り込まれた生活保護費も返還対象となるが、そちらに対しても相続放棄されたため、返還が難しくなった。粘り強い交渉の上、本人の死亡発覚後半年以上経過してから、子どもが遺骨を引き取ってくれた。

　本人の死亡を境として生活保護や日常生活自立支援事業といった「生存を支えるサービス」の対象ではなくなり、それまでの支援ネットワークの中核が抜けることになり、生前のサービス利用料や住居の退去費用の支払が滞ってしまうこともある。

　遺体の火葬・納骨に関しては、祭祀主宰者、相続人となる親族の

探索を行うことが必要になるが、家族関係が複雑だったり、連絡方法がない等で、自治体が行う場合でも事務負担が大きい。身寄りがない場合は自治体が法律に基づいて火葬・埋葬費用を負担するが、家などの財産については、親族が現れることに備えて、そのまま保管されることもある。長年にわたり居室や遺品が保存される例もあり、空き家問題にもつながる。

　一人で自宅で亡くなり、発見が遅れた場合は居室の特殊清掃が必要になることもある。賃貸住宅の場合は大家が費用を負担し遺品整理や原状回復を行うことが多い。高齢者の入院・入居に際し大家が保証人（連帯保証人・身元保証人）を求めたり、高齢者の入居を拒否する背景には、これらの死後の処理をする負担は金銭的にも事務的にも大変重いものであるという事情がある。

- 本人の意思が明確であり、看取りに向けてかかりつけ医の配偶者が支援した例

　Rさん（73歳女性）は身寄りがなく、かかりつけ医が、看取りが近い状態でケアマネジャーに紹介した。死ぬまで自宅で過ごすことや、死後に葬儀・埋葬や家財をどのようにしてほしいかの意思を確認し、手続きをできるよう準備する必要があった。

　本人の意思は明確にあり、看取りから死後事務まで、かかりつけ医の配偶者に任せたいという意向を示した。その意思に従い、かかりつけ医の配偶者をケアマネジャーが支援し、行政にも事前相談をしながら、葬儀会社と本人を面談させる、司法書士と連携するなど、準備を進めた。本人の指名によって一通りの死後事務を実施したが、親族との連絡が取れず、後から親族

が出てくる可能性があったため、それに備えて<u>チームで意思決定</u>を行った。

・余命が判明し、短期間で弁護士と死後事務委任契約を締結した例

　Sさん（75歳男性）は、定年退職後はプライベートな人づきあいがなく、親戚づきあいもなかった。家事援助サービスを利用して自宅で生活していたが、体調が急変して入院したところ、余命が2週間程度と判明した。資産のことを含め、今後どうするかを早急に決める必要が生じた。医師が本人に病状を説明した。MSWとケアマネジャーがそれに立ち会い、<u>本人が今後どのようにしたいかという意向を確認したところ、弁護士に任せたい</u>とのことだった。接点のあったヘルパーやケアマネジャーと医療機関のMSWが相談し、方針を決めた。本人が弁護士に死後事務委任契約を締結するとともに、親族探しも依頼した。

　結果的に親族は見つからなかったが、弁護士によって死後事務が実行された。

・自宅で事故死し、身元保証等高齢者サポート事業者が葬儀納骨と住まいの片づけをした例

　Tさん（80歳男性）は身寄りがなかったため、元気なうちから身元保証等高齢者サポート事業者と契約していた。賃貸住宅で自立した生活を送っていたが、居室内の火災によって死亡し

> たために遺体の引取りや居室内の片づけ、賃貸借契約の解除を行う必要性が生じた。親族は遠方に居住しているため、上記の手続きを行うことが困難だった。死後事務委任契約に基づいて、身元保証等高齢者サポート事業者が遺体を引き取り、火葬して納骨した。また、火災の後の居室内の片づけや貴重品の保管を行った。また、火災に関する法定相続人と家の貸主との交渉において、身元保証等高齢者サポート事業者が有する情報を提供した。

余命が知らされるなど、死亡前に課題が明らかになった場合、本人の意思を確認して周りが支援体制を決めるというソフトなものから、エンディングノート・遺言書の作成、エンディングプラン・サポート事業の利用申し込み、葬儀の生前契約などの形で「本人がどうしてほしいか」を情報として残しておくもの、死後事務委任契約を締結して死後事務を本人に代わって実施する主体を決めておくような解決策がある。余命の長さによってここにかけられる時間も異なる。特に形式の定まった契約の締結は、利用するための時間も資力も必要となる。また余命を宣告され、死後に備えた手続きを行う場合、本人の状態が悪化していくため、限られた時間の中で、体調も悪い状態で意思決定を行うことが多い。

自治体が今できる身元保証問題への対応とその限界

これまで見てきたように、身元保証問題は、決して「身元保証人欄に記入してくれる人がおらず、入院や入所の時に困る」という範囲にとどまらない。身元保証人を頼めるような人が身の回りにいな

いということは、高齢期に起こりえる様々な、自分一人では対処できないような問題を共に、あるいは代わりに解決してくれる人がいないということである。

（1）今自治体が行っていること

　現在のところ、身元保証問題については、生活保護制度の利用や日常生活自立支援事業の利用といった形で、予め自治体が接点を持っていた人に対して、担当者が問題解決にあたる形が多い。どのような形で問題解決するかについては、担当者が地域包括支援センターや民生委員、医療機関や介護施設との既存のネットワークを活かして交渉調整を行ったり、時には手弁当で本来親族が行っているような片づけ等の支援を行うなどしている。生活保護制度の利用、成年後見制度の市町村長申し立てや介護保険制度の申請、墓地、埋葬等に関する法律（以下、墓地埋葬法）による火葬埋葬など、公的な制度の活用にあたっては自治体は多くの手段を持っており、強みがある部分である。

（2）先進的な取組の例

　第2章では、自治体や社会福祉協議会等による先進的な取組を紹介する。自治体等が取り組む際の方向性としては大きく以下のようなものがある。

・窓口を一元化して、個人に対して包括的に支援を行う。

　生活保護等で行われてきたように、困りごとを抱えた個人を発見したら、対応窓口を1つに定めて情報を一元化し、様々な局面で支援を提供する。

・ガイドラインを整備し、支援方法や体制を作る。

　身寄りのない人に関する対応ガイドラインを整備しておき、自治

体以外の関係機関（医療機関や介護施設など）と共に、チームで課題解決を図る。

・情報を保管し、流通させることで、課題解決を円滑にする。

　自治体が情報のハブとなって、自治体が元々有する情報だけでなく、例えばリビングウイルの情報について共有可能なしくみを作っておき、関係機関（医療機関や介護施設など）からの問い合わせに回答して本人への対応に活かす。

（3）今できないこと・これから課題となりえること

　現在主に行われているような、個人に対して集中的に資源を投下し解決する方法は、その対象となる人の数が限度を超えない限りは有効だろう。ただ、高齢化、世帯構成の変化、家族関係の変化を踏まえると、少ない自治体等の職員で支え続けるには限界がある。また、「身寄りのなさ」が一般化することで、それまで自治体とほとんど接点がなかったような人が、高齢期になって大きな問題を抱え、初めて自治体を頼るようなケースが増えてくるだろう。支援対象の数や性質が変化することを踏まえて、どのように支援が必要な人を把握し、どのように支援を提供するかについては、新たな目で検討する必要がある。

　一例を挙げると、生活保護受給者の支援では、医療費の支払や葬祭の費用は生活保護費から支給されるため、自治体サービスの範疇に含まれており、特段の手立てを講じる必要がなかった。だが経済的に困窮していない人の場合はそうではないため、本人ができない場合の医療費の支払や葬祭の費用に関する契約手続等が必要になる。自治体が提供できない範囲の解決手段をどのように住民に普及啓発していくのかについての計画が求められる。

　一方で、自治体が提供したほうがよいこと、自治体に強みがあることを見極め、身寄りがない住民が、最期まで自律的な生活をするために最低限必要となる手段は整備しておかなければならない。事例で見てきた通り、カバーすべき範囲は日常生活や住まい、医療サービスや介護サービスの利用、死後事務と分野横断的であるため、それぞれの所管部署の有する情報や課題解決策を持ち寄って束ね、住民から見て「これを行えば老後の安心が得られる」しくみとすることで、自治体の強みをより効率的・効果的に発揮できる。住民の側からしても、自治体がそのようなしくみを用意してくれることは心強く、積極的に取り組むことができるようになるのではないだろうか。

第2章 | 自治体の現状と課題

 地域によって異なる人口・世帯の状況

全国の状況

　まず、全国的な人口や世帯の状況について概観する[1]。

　日本の総人口は 2008 年の 1 億 2,808 万人をピークに減少に転じており、2065 年には 8,808 万人になると推計されている。65 歳人口は 2042 年まで増加しその後は減少に転じるが、総人口はすでに減少しているため高齢化率は上昇を続ける。2065 年には高齢化率は 38.4％ となり、国民の約 2.6 人に 1 人が 65 歳以上、約 3.9 人に 1 人が 75 歳以上の者となると推計されている。65 歳以上の人 1 人あたりの生産年齢人口（15 〜 64 歳）は、1950 年に 12.1 人だったが、2015 年には 2.3 人となっており、2025 年には 1.9 人、2065 年には 1.3 人まで減少する見通しである。人口 1,000 人あたりの死亡数は 2019 年には 11.2 であるが、2065 年には 17.7 になると推計されている。

　世帯についてみると[2]、1980 年の世帯総数が 3,582 万世帯だったのに対し、2020 年は 5,411 万世帯と増加している。増えているのは単身世帯、夫婦のみ世帯、ひとり親と子から成る世帯であり、減っ

---

1)「令和3年版高齢社会白書」（内閣府）
2)「日本の世帯数の将来推計（全国推計）（2018年推計）」（国立社会保障・人口問題研究所）

ているのは夫婦と子から成る世帯、その他の一般世帯である。2025年以降はすべての都道府県で単身世帯の割合が最大となる。つまり小規模な世帯が増えており、平均世帯人員は2040年には2.08人まで低下すると見込まれている。2015年から2040年までの世帯数推計によると、特に世帯主が65歳以上の単身世帯や世帯主が75歳以上の単身世帯の増加が著しい。

つまり、これから40年ほどにわたり、総人口、特に若い人が減っていき、多くの人が亡くなる。生きている間は1人や2人で暮らす、というのが普通の高齢期の姿になるのである。

地域ごとの動き

日本の地域別将来推計人口（平成30年推計）[3]によると、ほとんどの市区町村で人口、特に若い人の人口が減少し、65歳以上人口の割合が高まる。詳しくみると、全市区町村数の94.4％で2045年の総人口が2015年より少なくなり、なかでも人口が4割以上減少する市区町村は40.9％にのぼる。また、65歳以上人口の割合が50％以上を占める市区町村数は、2015年の0.9％から2045年は27.6％に増加する。95.8％の市区町村で2015年と比べて2045年の0〜14歳人口割合が低下する。

65歳以上人口の規模をみると、2045年時点で東京都、神奈川県、大阪府、埼玉県、愛知県、千葉県などの大都市圏で大きく、特に東京都、神奈川県、沖縄県では、2015年から2045年にかけて65歳

---

3)「日本の地域別将来推計人口（2018年推計）」（国立社会保障・人口問題研究所）

以上人口が 30％以上増加する。一方で、総人口の減少に伴って 65 歳以上人口も停滞・減少に転じる都道府県が増え、12 県では 2045 年の 65 歳以上人口は 2015 年よりも少なくなる。

　65 歳以上人口が総人口に占める割合はすべての都道府県で増加し、2045 年には全都道府県で 30％を超える。大都市圏では 65 歳以上人口は増えるが、その割合は相対的に低くとどまる。

　人口が減ること、65 歳以上人口割合が増えることは共通しているが、65 歳以上人口が増えるか減るか、若い人との人口のバランスがどのようであるかは大都市圏とその他の都道府県によって事情が異なる。

単身世帯の分布は西高東低だが今後均質化する[4]

　世帯の小規模化はすべての都道府県で進んでいるが、1 世帯あたり人員は都道府県によって違いがみられる。1 世帯あたり人員の全国平均は 2.33 人で、これを上回る県は東北や中部地方に多く分布している。一方で、西日本と大都市を含む都道府県では平均を下回っており、特に東京は 1.99 人と最も少ない。ただし、今後の推計をみると、これまで世帯規模が比較的大きかった地域においても世帯の小規模化が進み、東京の水準に近づいていく。

　高齢者単身世帯だけでなく、家族の人員が 2 人程度で高齢夫婦のみあるいは親と独身の子といったような構成の世帯では、1 人が困難な状況に陥った時、まず家族が支援するという前提は成り立ちに

---

4)「日本の世帯数の将来推計（都道府県別推計）（2019年推計）」（国立社会保障・人口問題研究所）

くい。むしろ少ない人数でかろうじて支え合っていたものが欠けて、世帯全体が危機に瀕するリスクの高い世帯が増えていくと考えられる。

農村部・地方都市は若い人がいなくなる

農業集落についてみると[5]、2010年から2015年の5年間で4割強の集落で世帯数が減少し、空き家が増加している。人口減少率も全地域で高まっている。このような集落の小規模化と並行して、高齢化も進んでおり、人口の過半が65歳以上の集落が山間農業地域では65％、中間農業地域でも57％を占めている。

集落人口が9人以下かつ高齢化率が50％以上の集落は存続危惧集落と呼ばれる。約14万の農業集落のうち、2015年は2,000集落が存続危惧集落に該当し、2045年にはそれが1万以上に増加すると推計されている。また、全集落の23％にあたる3万以上の集落において、今後30年間で人口が3分の1未満に減る見通しである。有人集落のうち、超高齢化集落（人口の3分の2以上が65歳以上）が2015年から2045年にかけて4,000集落から2万7,000集落に増加し、14歳以下の子どもがいない集落も9,000集落から3万集落に増加する。農業生産に関する寄り合いや、農業用排水路の保全・管理といった活動は高齢化の高い集落、人口が9人以下の集落では実施率が低下している。

地方都市から三大都市圏（東京圏、名古屋圏、大阪圏）への人口

---

5)「農村地域人口と農業集落の将来予測—西暦2045年における農村構造—」（農林水産政策研究所、2019年8月）

流入は戦後一貫した傾向であった。名古屋圏、大阪圏への転入超過は1970年代以降鈍化している一方で、東京圏の転入超過は続いていた。特に東京圏は15歳から29歳の転入超過が大きく、地方から進学や就職を機に若年層が流入している。その裏返しとして、20歳から29歳については、転出超過の都道府県が40県にのぼる（15歳から49歳の年代の転出超過は30県前後である）。農村ほど危機的な状況ではないにしても、ただでさえ少ない若年層が東京圏に遍在することが見て取れる[6]。

　ただし新型コロナウイルス感染症の流行（コロナ禍）によって、東京圏への転入超過数が縮小し、2020年7月からは転出超過となっている。コロナ禍による変化がどの程度定常的な状態になるかは現段階では不明だが、雇用状況やリモートワークなどの働き方の変化によって、東京圏への移動のメリットが薄れ、若年層の行動が変わることもありえる。

都会は人口が集中しても単身が多い

　上で見た通り、大都市圏の人口集中は主に若年層の転入超過によって引き起こされている。東京都区部における若年層、特に29歳以下の場合は単身世帯の割合が8割を占めている。また、同じく東京都区部では65歳以上でも6割近くが単身世帯であり、人口が多いもののそれぞれが小さな世帯で暮らしていることがわかる[7]。

　2015年から2045年にかけて世帯主が65歳以上の単身世帯はす

6）「住民基本台帳人口移動報告2018年結果」（総務省）
7）「2019年　国民生活基礎調査の概況」（厚生労働省）

べての都道府県で増加し、全国的には 43.4％増加すると推計されている。特に東京都では 79 万 3,000 世帯（2015 年）から 106 万 6,000 世帯（2035 年）、116 万 7,000 世帯（2040 年）と増えていく。

 ## 2　孤立死への取組は多くの自治体が実施

「孤独死」への着目は 1970 年代から

　「孤独死」は 1970 年代に「都市の孤独」と「老人問題」としてまず注目され、全国社会福祉協議会が「孤独死老人追跡調査報告書（1974）」を出している [8]。高度経済成長を背景に、たくさん人がいるはずの都市の中の孤独や、高齢化社会の始まりに伴い医療・介護問題が意識されたことを反映していると考えられる。

　その後、1995 年の阪神・淡路大震災後に建設された仮設住宅において、一人暮らしの住民が誰にも看取られずに自宅で死を迎えている事例が報道され、その中で「孤独死」という言葉が定着した。他の地域の団地等においても同様の事例があり、地域コミュニティの希薄化や家族関係の変化、貧困など社会的な排除の結果としての「孤独死」というとらえ方がなされるようになった。

　厚生労働省は 2008 年に「高齢者等が一人でも安心して暮らせるコミュニティづくり推進会議（「孤立死」ゼロを目指して）」の報告書を公表した。同報告書は、高齢化や核家族化の進行、居住形態の

8）新田雅子「「孤独死」あるいは「孤立死」に関する福祉社会学的考察：実践のために」札幌学院大学人文学会紀要（93）、105-125 頁、2013 年

変化によって、単身高齢世帯者や高齢者夫婦のみ世帯が急増し、「孤立生活」は標準的な生活形態に変化しつつあるという認識を示している。「今後「孤立生活」が一般的なものとなる中で、人の尊厳を傷つけるような悲惨な「孤立死」（つまり、社会から「孤立」した結果、死後、長期間放置されるような「孤立死」）が発生しないようにする必要がある」とし、孤立死予防型コミュニティづくりが提案されている。ここではじめて、主観的な状態を指す「孤独」から、客観的な状態を表す「孤立」に用語が変化し、「孤立死」という名称が用いられた。

近年は単身世帯の一般化に伴って、「ひとりで死ぬ」という意味での「孤独死」は必ずしも悪いことではなく、生前に一人暮らしだったことの当然の帰結ととらえ、それを前提に準備をしていこうという提案もなされるようになってきた。

このように、「孤独・孤立死」が、誰のどのような死を指すのかについては変遷がある。今や自宅で一人で死を迎えることだけをもって、「避けるべきこと、よくないこと」とはいえない。また、社会とうまくつながっていないために死に至った事例は決して一人暮らしの人に限ったものではなく、複数人世帯でも起こっている。

自治体を中心に高齢者の孤立予防や孤立死防止の取組が行われる一方で、孤独・孤立を悲惨なものであると一律に決め対策を打つことには疑問が呈されており、例えば支援を拒んだり人との関わりを好まない心理に注目した研究や、地域コミュニティへの参加以外の選択肢によるネットワークの形成など、個人の指向を踏まえたとらえ方の必要性も指摘されている[9]。

孤立死の現状

　上でみてきた通り、孤独死（孤立死）という言葉が指すものや、その中で何が問題なのか（解決すべきものとして把握する必要があるか）は、一意に決めることができず、明確な定義は存在しない。上田ら[10]が先行文献から抽出した共通条件は、①自宅内での死亡、②看取りがないこと、③一人暮らしであること、④社会的に孤立していること、⑤自殺でないこと、であり、上田らは定義として「社会との交流が少なく孤立し、誰にも看取られず自宅敷地内で死亡し、死後発見される場合」が適当であると提案している。ただし、誰にも看取られず自宅敷地内で死亡した後発見され、死体検案の対象となったとしても、生前の社会との交流の程度を死後に判定できないことは多いと推測され、その事例が孤独死なのかどうかを決めることはこの定義によっても困難だろう。

　2011年時点で孤独死実態調査を行っていた、あるいはその予定があったのは自治体全体の2割未満であった上、孤独死の基準は自治体で異なっており[11]、全国レベルでの孤独死の発生数は把握されていない。この研究では（異なる基準ではあるが）実態調査を行っている自治体における孤独死の発生率は人口規模によって差がなく、人口1,000人あたり0.10人と算出されている。

---

9)　山崎久美子ほか「孤独死研究の動向と今後の課題」日本保健医療行動科学会雑誌　32(1)、66-73頁、2017年

10)　上田智子ほか「孤独死（孤立死）の定義と関連する要因の検証及び思想的考究と今後の課題」名古屋経営短期大学紀要（51）、109-131頁、2010年

11)　福川康之ほか「孤独死の発生ならびに予防対策の実施状況に関する全国自治体調査」日本公衆衛生雑誌 58(11)、959-966頁、2011年

孤立死の防止策

　厚生労働省のまとめ[12]では、自治体による孤立死防止対策取組事例の概要を以下のようにまとめている。

（1）見守りの実施主体別類型

　1．協力員活用型

・ご近所福祉スタッフを配置し、同じ地域に住む方々で見守り、支え合う地域づくりを目指す（岩手県奥州市）。

・地域住民を「見守り支援員」として養成するための「インストラクター」を地域包括支援センターの職員等福祉経験者から募集し配置（広島県福山市）。

　2．事業者等との協定締結型

・事業者（新聞、ガス、電気、水道、生協等）等との協定を締結し、事業者の事業活動を通じて、異変があった場合の連絡、支援体制を確保する（福島県会津若松市）。

　3．ネットワーク構築型

・近隣住民と協力しながら、地域で支え合いの輪を広げていく活動。活動の状況を確認し、今後の課題や方向性について意見交換する（秋田県藤里町）。

・社会的用語を必要とするすべての県民を地域全体で見守るネットワークを構築。自治体（県・市町村）、民児協、警察、民間事業者、県民による見守り体制の構築。県内全市町村に担当窓口を設置（栃木県）。

12）「孤独死防止対策取組事例の概要」（厚生労働省社会・援護局地域福祉課、2013年）

（2）見守りの手法別類型

1．要援護者台帳の作成及びマップづくり等を活用する形

・ひとり暮らし、高齢者のみの世帯等要援護者世帯を把握し、要援護者マップを作製。情報を共有し、見守り活用を行うタイプ（群馬県館林市）。

2．機器等を活用する形

・緊急通報装置、福祉電話、パソコン、人感センター、タブレット端末、TV電話等の機器を活用し、見守りや緊急時に迅速かつ適切な対応を図る（和歌山県すさみ町）。

3．副次的効果型

・配食サービスでの弁当の配布、ヤクルト配達員によるヤクルトの配布、乳製品の配布時等に生活状況を把握、安否の確認（山形県米沢市）。

・地域サロンなどの住民組織と連携（岡山県奈義町）。

・救急医療カプセル、家具の転倒防止金具の取り付けなどをきっかけに家を訪問し、家の中や様子を確認する（大阪府東大阪市）。

4．総合相談窓口の設置型

・安否確認ホットライン連絡窓口を新設し、キャッチした情報を基に迅速かつ適切に対応できるようマニュアルを作成し、行政内部の対応体制の整備を充実（大阪府豊中市）。

・配達事業者やライフライン事業者、地域住民からの異変の通報に365日対応するセンターを設置（福岡県福岡市）。

5．その他

・家賃滞納や新聞・郵便物が溜まる等のSOS情報から助けが

■図表2-1　新田による「孤独死（孤立死）」対策の分類

対策のねらい ＼ 問題状況	社会的孤立	（誰にも看取られない）死
予　防 （事前対応）	A社会的孤立を防ぐ 【具体例】訪問・見守り活動、サロン活動、孤独死防止の普及啓発、あいさつ・声かけ、チラシ配布、介護等フォーマルサービスの安定的利用	B看取られない死を防ぐ 【具体例】訪問・見守り活動、介護等フォーマルサービスの安定的利用、人感センサー、緊急通報システム、救急医療情報キット、アクセスしやすい医療制度
早期発見 ・早期対応 （事後対応）	C社会的孤立状態に陥っている個人や世帯の掘り起こしと対応 【具体例】福祉的支援を要する個人や家族と「地域」や「制度」をつなぐ実践	D死（遺体）が放置されないようにする 【具体例】AとBとCの対策および死後の適切な社会的措置

〈出典〉新田雅子「「孤独死」あるいは「孤立死」に関する福祉社会学的考察：実践のために」
　　　札幌学院大学人文学会紀要（93）、2013年、119頁

　　　必要な生活弱者を発見し、いち早く「命を守る行政サービス」
　　へつなげ、生活再建を進める（滋賀県野洲市）。

孤立死対策から孤立防止、地域共生社会へ

　孤立死対策を、社会的孤立を防ぐか看取られない死を防ぐか、予防的か早期発見かによってわけたものが**図表2-1**である。

　孤立死対策の中心は社会的孤立の予防であり、コミュニティとのつながりを促進する取組が行われている。また、実際に死を迎える時に看取られないことを防ぐために、センサーや緊急通報システムを整備する取組もある（2013年当時）。

　厚生労働省による安心生活創造事業（2009年〜2011年）では、地域福祉推進市町村がモデル事業を行った。これは**図表2-1**のCにあたる、すでに孤立状態にありかつ公的サービスにつながっていない人を把握して支援につなぐことを主眼においたものだった。

　現在は「地域共生社会」という基本コンセプトのもと、新たな包括的な支援の体制整備が進められている。地域の相互扶助や家族同

士の助け合いといった支え合いの基盤が弱まっていることは社会全体の共通課題であること、孤立死に象徴されるように複雑・複合的な課題を抱える人が増えていること、必ずしも既存の公的制度ではカバーされなかったり、自ら声をあげられなかったりすることを前提とし、市町村全体の支援機関・地域の関係者が相談を断らず受け止め、つながり続ける支援体制を構築することが目指されている。

3　身元保証に関する自治体の特徴的な取組

　第1章でも概観した通り、身元保証の含む範囲は「身元保証人になること」だけではなく、高齢期に自分一人では難しくなること全般の支援という、非常に広いもの（個・孤のライフ・エンディング問題）である。身元保証等高齢者サポート事業だけでなく、自治体や社会福祉協議会やNPO法人も、このような支援を受けられない人に対する支援に取り組んでいる。視点や手法が異なる事例を以下に紹介する。

　規模の比較的小さい自治体は、テイラーメード的に支援が提供できるよう、支援者間のネットワークを構築したり、支援者間での情報整理ツールを整備する手法を取っている。

　規模の大きな自治体は、従来の福祉の枠組みで困難事例へのテイラーメード的な支援は行いつつも、民間事業者との契約を支援したり、本人の情報を集約し適切に流通させることを通じて、周囲のプレイヤー（例えば葬儀社、医療機関等）が本人に対して円滑にサービスを提供できるようにしている。

　社会福祉協議会（以下、社協）は、日常生活自立支援事業や成年

後見制度など権利擁護の担い手であり、利用者のお金を扱う業務に（自治体に比べて）なじみがあるため、より身元保証等高齢者サポート事業に近いような、フルパッケージでのサービス化を行っている。

保証問題に早期に着目した三重県伊賀市社会福祉協議会（人口約8万8,700人、高齢化率33.5%）（2021年9月末現在）

（1）取組の背景

　元々、伊賀市社会福祉協議会として、高齢者が公営住宅への入居や施設入所等に際し、保証人がいないためにサービスが利用できない場面が多々あることを認識していた。何らかの支援が必要となった時点で、すでに親族等の支援者が遠のいていることは多く、保証人を見つけることはきわめて困難である。また、身元保証事業者が提供するサービス内容と価格設定の曖昧さについても問題視しており、保証に関して、地域の困りごとであるならば、社協としても何かしら支援ができるのではないかと考えるきっかけとなった。

　まずは地域の困りごととして保証問題について把握・今後の対応について検討すべく、厚生労働省の社会福祉推進事業を活用して、2008年度「地域福祉の推進における『保証機能』のあり方に関する研究事業」、2009年度「『地域福祉あんしん保証システム』構築事業」（2年度実施）を立ち上げ、検討を開始した。

　1年目には、①市民（ただし民生委員、自治会長、老人クラブ会長等）、②支援者、③家主、福祉施設、病院、企業等を対象とした実態調査を行った。調査の結果、随所で保証人が求められ、やむなく①②③の人が保証人になっているケースが存在していることがわかった。また、単に慣習として形式的に保証人を求めるケースが残っ

ているという実態もうかがえた。

　2年目は、保証人を求める側はいざという時の不安があるので、それを解決するためにはどのようにすれば良いかを検討した。保証人等に求められる機能を分解し、地域の活動、見守り、ボランティア、インフォーマルな活動等が必要と考えた。

（2）取組の内容

　これらの知見を踏まえて、社協内の地域福祉あんしん保証推進委員会事務局が、個人別に「地域福祉あんしん保証プラン」を作成し、支援自体は地域資源や保険等を組み合わせて行おうと考えた（**図表2-2**）。

（3）取組の現状

　元々、社協としては福祉的対応が必要な人を対象としていたが、成年後見制度が使いやすくなり、福祉的対応が必要な人はカバーされるようになった。また①具体的相談がないこと、②包括的相談が市直営の地域包括支援センターに移管されたことで社協に入らなくなったこと、また、あくまでも「保証人」を求めるといわれると、即効的には解決ができないことなどから事業を停止していたが、地域共生社会の流れで伊賀市が改めて地域課題を検討したところ、保証機能の課題が挙げられ、2021年に改めて取組を開始した。

■図表2-2 伊賀市社会福祉協議会「地域福祉あんしん保証プラン」のモデルプラン例

○モデルプラン①

（軽度の知的障がい・精神障がいのある50歳代の方 障がいのある兄と別居するため
賃貸住宅への入居を希望 兄以外の身寄りなし）

本人の状況

・健康状態：当面、特に問題はない

・判断能力：日常生活で問題を起こす危険はほとんどないが、緊急の場合に適切な対応ができない可能性や、病状の悪いときに不安定になる場合がある

・経済状況：年金で支払が可能だが、金銭管理がうまくできない場合がある

・緊急連絡：緊急時に対応してくれる身寄りはまったくない模様

保証ニーズ （求める側の不安）	日常対応的な支援のプラン 【問題を起こさないために】		事後対応的な支援のプラン 【もし、起きてしまったら】	
	支援の内容	想定される効果	支援の内容	想定される効果
家賃・料金等の支払い	・地域福祉権利擁護事業を継続して利用（既に利用中）	・日常金銭管理を支援し、家賃を的確に支払う	－	－
火災等の防止	・日常生活用具給付等事業の電磁調理器を利用	・万一の火災を予防する	・あんしん保証保険【未】を利用	・万一火災が発生した場合の損害を賠償する
家屋・設備等の破壊の防止	・見守り支援事業を利用（当面、毎日1時間）	・服薬・通院の支援や話し相手によって生活が安定する	・あんしん保証保険【未】を利用《再掲》	・万一損害を与えた場合の損害を賠償する
近隣とのトラブルの防止	・見守り支援事業を利用（当面、毎日1時間）《再掲》	・服薬・通院の支援や話し相手によって生活が安定する	・CSWが呼びかけて住民と話し合いを実施《再掲》	・話し合いを通じてトラブルを解消する
	・CSWが呼びかけて住民との話し合いを実施	・近隣住民と交流し、理解を広げることでトラブルを避ける	・あんしん保証保険【未】を利用《再掲》	・万一損害を与えた場合の損害を賠償する
孤独死の防止	・見守り支援事業を利用（当面、毎日1時間）《再掲》	・当面心配はないが、状況を把握し、適切に対応する	－	－
緊急時等の対応・身元引受先の確保	・マイライフプラン【未】を作成	・医療・死後対応等の意向をあらかじめ確認する	・あんしん保証事業（このプランの作成・実施）を利用	・社協が連絡先となり関係者と連携して対応する
			・CSWが呼びかけて住民との話し合いを実施《再掲》	・日頃の関係づくりを活かして、緊急時に地域の協力も得る
その他				

【未】はこれから開発するサービスや活動です。

〈出典〉「「地域で保証機能を担うしくみづくり」に向けて「地域福祉あんしん保証推進プロジェクト」・「地域福祉あんしん保証事業」の基本構想」（伊賀市社会福祉協議会、2009年）21頁

身元保証から死後事務までトータルでサービス化した東京都足立区社会福祉協議会（権利擁護センターあだち）（人口約69万人、高齢化率24.8%）（2022年3月現在）

（1）取組の背景

　権利擁護センターあだちは、2000年4月に設置され、開設当初は福祉サービスの質や契約に関連した苦情対応、地域福祉権利擁護事業、成年後見制度利用支援事業が主な柱であった。元々身元保証についての相談も寄せられていたことから、身元保証サービスを提供している事業者から説明を受ける等したところ、高齢者がきちんとサービス内容を理解できているのか、事業内容が曖昧であること自体が問題ではないかと問題意識を持つこととなった。介護保険制度が開始されてから、契約でサービスを買うこと自体が初の試みであり、手探り状態であるため、権利擁護センターで包括的に相談を受け付けられるよう体制を敷きつつ、社会福祉協議会として身元保証に準ずるサービスを提供できないか検討を始めた。こうした検討を経て、「高齢者あんしん生活支援事業（2005年4月～）」の実施に至った。

（2）取組の内容

　高齢者あんしん生活支援事業は、「ひとりでもあんしん・老いじたく」をキャッチフレーズに、単身世帯で親族の支援が期待できない人でも、医療や介護をはじめとしたサービスを契約・利用できるよう支援し、一人暮らしでも住み慣れた地域で、安心して生活できるようにすることを目指している[13]。

　対象者は、足立区在住で、契約内容を理解できる判断能力のある65歳以上の一人暮らしの高齢者としている。なお、支援可能な親

族がいないこと、資産（居住用不動産を除き、未相続財産を含む）が 3,000 万円以下、住民税が非課税もしくは課税所得金額が 160 万円以下で不動産収入がなく、負債がない人と条件を定めている。資産が 3,000 万円以上ある人の資産管理は性質が異なるため、社会福祉協議会としての業務から外れると判断し資産制限を付けた。資産が多くはないが、生活保護を受給するほど少なくもないため、制度的な支援が受けにくい層を対象にし、制度の隙間を埋めようとするサービスである。

　サービスの内容は以下の通りである。

・基本サービス（月に 1 回の電話と半年に 1 回の訪問）

・あんしんサービス（入院・入所時に保証人に準ずる支援：入院セットを届ける、入院や医療説明への同席、自宅のライフライン停止の手続き）

・生活支援サービス（預貯金の払い戻し、手続代行、弁護士や司法書士等専門家への仲介

　なお、預託金（入院費用の保証）は 52 万円、年会費は 2,400 円、あんしんサービスは 1,000 円／回、生活支援サービスは 1,000 円／時である。

　契約準備の段階で、公正証書遺言を作成し、遺言執行者を社会福祉協議会でつながりのある弁護士や司法書士に頼んでいる。

　利用者の死後は、遺言執行者である弁護士や司法書士に死後事務等を託すが、遺言執行者の要請に基づき、連絡調整や立会い等死後

13）「終活支援事例集～おひとりさま社会に向けて～」（社会福祉法人神奈川県社会福祉協議会、2021 年）

事務等の手伝いを行っている。

住まいと死後事務に着目した福岡県福岡市社会福祉協議会（人口約156万8,000人、高齢化率22.2%）（2022年4月現在）

（1）取組の背景

　福岡市における高齢期の課題として、高齢者がアパートや賃貸住宅に住み替える場合に、高齢者だから拒まれるということが把握された。当初福岡市が問題提起をし、社協が具体的な取組の担い手となった。足立区社協や横須賀市などの死後事務の対応をしている先進的な団体に視察に行き、2003年に、高齢者の住宅の住み替え時に大家や管理会社が、安否確認や死後事務に懸念を持つことへの解決策として、「高齢者民間賃貸住宅入居支援事業」を開始した。この事業を実施するにつれて、住み替える人以外にも死後事務のニーズが一定数あることがわかってきたため、2011年には死後事務と住まいは別に対応するようになり、独自事業として死後事務に関する「ずーっとあんしん安らか事業」を開始した。2017年には、「ずーっとあんしん安らか事業」に必要な預託金を捻出できない人のため、少額短期保険を利用した「やすらかパック事業」を開始した。2019年には死後事務以外の相談にも対応する「終活サポートセンター」を作り、終活全般に関する相談や普及啓発を行っている。住まいと死後事務はサービスとしては分離したが、死後事務に関する契約があることで住まいの契約の緊急連絡先にはなれるので、入居の支援策ともなっている。

（2）取組の内容

　①　ずーっとあんしん安らか事業

この事業は、契約者が亡くなった場合に預託金額内での葬儀の実施や必要経費等の支払、残存家財の処分等を行うものである。

対象は、①福岡市内に居住する70歳以上（同居者がいる場合は、すべて70歳以上の親族であること）、②明確な契約能力を有する、③原則として子がいない、④生活保護を受給していない、のすべてに該当する人である。

利用に際しては「ずーっとあんしん安らか事業　契約書」を取り交わす。中心的な内容は預託金による死後事務（葬儀の実施、必要経費の支払、行政官庁への諸届）と残存家財処分である。また、利用者は引き渡し人・財産管理を第三者に委任している場合はその受任者・成年後見人、保佐人、補助人または任意後見受任者・遺言執行者・撤去、処分を委託する財産を予め届け出ることになっている。

契約後は電話や訪問などの見守りを行う。入退院の支援もオプションとして実施しているが、基本的には自費ヘルパー等の既存の生活支援サービスを利用することを勧めている。

入会金は1万5,000円で、年会費が1万円である。入会時に、葬儀・納骨の費用や公共料金等の精算費用として50万円～、残存家財の処分にかかる費用（別途見積もり）を預託する。預託金の1割が執行費用となる。

②　やすらかパック事業

この事業は、毎月定額の利用料金の支払のみで、死後事務（直葬、納骨、家財処分、役所の手続き等）を行うものである。

対象は、①福岡市内に居住する40歳以上90歳未満、②明確な契約能力を有する、③生活保護を受給していない、④保険会社の申込要件に該当（5年以内に癌を罹患していない、要介護2以下等）、

⑤死後事務を行うことができる親族がいない、⑥「声の訪問」等の見守りサービスを利用できる、のすべてに該当する人である。

　葬儀方法や納骨先は予め事業で指定する内容となる。契約者は福岡市社協と死後事務委任契約を結び利用料（3,000円から7,500円、申し込み時の年齢及び健康状態により金額が変動）を支払う。福岡市社協は保険会社と少額短期保険契約を結び、契約者の死亡時には保険金によって死後事務を行う。

無縁仏の課題から終活情報登録伝達制度に発展させた神奈川県横須賀市（人口38万9,993人、高齢化率32.28%）（2022年4月現在）

（1）取組の背景

　自治体には、引取り手のいない遺体の火葬義務がある。その場合の火葬費用は、自治体によっても異なるが、生活保護基準に準じることが多く、概ね1体15～30万円程度という。横須賀市の場合、葬祭事業者に依頼して火葬までを行うが、政教分離でもあり、生前の本人の意思を確認できず宗教・宗派も不明であるため、読経等の宗教儀式は行わず、火葬後は市役所内で一時保管する。親族を調べ、遺体引取りの交渉を行い、引取り手がいない場合は、市が管理する無縁納骨堂に数年安置した後、最終的に合葬している。

　2005年前後から引取り手のない遺骨が急増し始めた。預貯金を残して亡くなる人が多く、中には「最後の葬儀・納骨代に」と遺書を残す人もいるが、親族以外は市でも容易に引き出せない。結局、公費で火葬し、供養なしで無縁納骨堂に納める。この現実に疑問が広がり、2012年、市職員からの政策提案を契機に、3年の間、事

業化が研究・検討された。

　すでに NPO 法人や寺社等が、生前、当事者と死後事務委任契約を行っている場合もある。しかしかなり費用がかかる。また独居者についていえば、民間事業者が本人の死亡情報を確実に入手できるか甚だ疑問で、死後、生前契約が履行されない危険性があることもわかった。

　そこで、墓地埋葬法等を担う生活福祉課（自立支援）を中心に、庁内の関係課によるプロジェクトチームで検討が始まった。横須賀市の独居高齢市民の困窮度を計ったところ、約 19％が生活保護受給者であり、一般世帯の保護率 1％強と比べ極度に乖離していることがわかった。独居高齢市民は、ゆとりがなく、NPO 法人等に依頼できない者が多くいるとの判断となり、調整を進め、2015 年 7 月、エンディングプラン・サポート事業が開始された。

（2）取組の内容

　横須賀市は、低所得の単身高齢者が葬儀社との死後事務委任契約を締結し、「引取り手のない遺骨」とならないように支援する①エンディングプラン・サポート事業と、すべての市民を対象とし、お墓の所在地や遺言書の保管場所などの情報を登録してもらい、死亡や意思が確認できなくなった際に、市が本人に代わって関係者からの問い合わせに答える②終活情報登録伝達事業（わたしの終活登録）を行っている。どちらも、生前から死後にかけての尊厳を守る手段を提供するものとして実施している。

　①　エンディングプラン・サポート事業（**図表 2-3**）

　対象者は、高齢等の独居市民で、保有不動産の固定資産評価額 500 万円以下、預貯金が一定額以下の方である。

■図表2-3　横須賀市のエンディングプラン・サポート事業

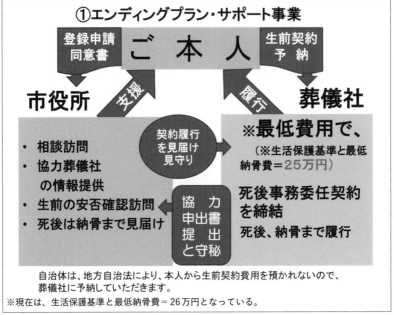

〈出典〉北見万幸「横須賀市の終活支援（令和3年11月　改定v18　短縮版）」

　市は相談者が所得・資産制限で事業対象となる場合に、協力葬祭事業者一覧を交付する。当事者がその中から事業者を選択する。選ばれた事業者に市が連絡し、本人宅に事業者とともに訪問し、プラン内容を説明して、その後、本人と事業者との契約締結にも立ち会う。

　市内の葬祭事業者約40社に書面で事業趣旨を伝え協力を要請し、これまで10社が協力葬祭事業者に登録されている。年間100件ほどの終活相談のうち、多くは高所得・高資産のため事業に該当しない。そこで地元の弁護士会・司法書士会と連携し、無料終活法律相談を実施している。

利用者については、死亡届出人や葬祭執行者の確保、生前の安否確認や孤立死防止など、生前から死後までの尊厳を守る具体的な支援も提供する。

利用者は生前契約の予納金として、原則26万円（生活保護受給者の場合は5万円以上27万円まで）を葬儀社に納める。また、玄関の周りに必要な事項（リビングウイル（延命治療意思）有無、契約葬儀社、市役所、かかりつけ医、知人）を記載したカード（大カード）を貼るとともに、同様の事項を記載した小さなカード（小カード）も携帯する。これにより、緊急搬送の際にも市役所あるいは契約葬儀社に連絡が入り、本人が亡くなった際には契約が履行される。本人が医療機関に入院し、命に関わる状態である場合、市役所または協力葬儀社がリビングウイルを伝達する。

②　終活情報登録伝達事業

・情報の登録

事業利用を希望する人は、終活情報を市役所に登録する。登録する項目（**図表2-4**）は記入するかどうか選ぶことができ、また開示する項目についても予め本人の同意を得る。本人であれば電話でも登録ができ、それ以外には郵送や来所での登録手続きができる。

すでに本人が意思を伝えられない場合、本人の意思が明瞭だった時に接点を持ち、登録内容についての情報を持っている後見人や親族や友人も登録ができる、市役所への来所が必要となる。この事業は無料で利用できる。

■図表2-4　横須賀市終活情報登録伝達事業を利用する際の登録情報

（1）本人の氏名、本籍、住所、生年月日

（2）緊急連絡先

（3）支援事業所や終活サークルなどの地域コミュニティ

（4）かかりつけ医師やアレルギー等

（5）リビングウィルの保管場所・預け先

（6）エンディングノートの保管場所・預け先

（7）臓器提供意思

（8）葬儀や遺品整理の生前契約先

（9）遺言書の保管場所と、その場所を開示する対象者の指定

（10）お墓の所在地

（11）本人の自由登録事項

※各項目について予め開示の同意を得ます

〈出典〉横須賀市ホームページ「わたしの終活登録　2.登録できる内容」https://www.city.
yokosuka.kanagawa.jp/2610/syuukatusien/syuukatutouroku.html

・生前開示

　本人が認知症や意識障害などを契機に、登録内容を伝えられなくなったと確認できた場合は、医療機関、消防署、警察署、福祉事務所、及び本人が希望した場合に、本人が指定した者からの照会に対して、上記の（9）と（10）を除く登録情報（開示の同意があったものに限る）を開示する。

・死後開示

　本人の死後、本人が指定した人に上記の（9）遺言書の保管

先を開示する。（10）お墓の所在地については、本人の死後、納骨・墓参を希望するすべての者に開示する。墓参希望の方に情報を開示するために、情報保管期限は死後33年間となっている。

　緊急連絡先やリビングウイルなど、緊急時にすぐ必要な情報は直接登録されるが、遺言書やエンディングノートのように、個人的な情報が多く含まれるものについては保管場所を登録するに留めている。これは情報を流通させるという観点からは、必要な時、必要な人が、必要な情報を見られるようにすればよいという考えによるものである。

なお、横須賀市の事業を参考に、複数の自治体が同様のサービスを開始している。

既存の支援ノウハウやネットワークを活用する滋賀県野洲市（人口約5万600人、高齢化率約26.8%）（2022年3月現在）

（1）取組の背景

　元々、生活困窮者支援や、消費者保護を主眼とした野洲市くらし支えあい条例によって、市役所の相談窓口を一本化して部署間連携を図ったり、相談には来ないが困っている事例を掘り起こしたりするノウハウが蓄積していた。

　特に身元保証に関することでは、当時の市長の指示で「保証人」が市民の生活に支障をきたしていることがないか確認した際に、市営住宅に入居する時の問題が把握された。市営住宅の保証人をなくす場合、身寄りのない人の支援が課題となるため、2018年から2019年に「高齢者等の生活安心サポート仕組みづくり検討会」を

設置し検討した。その中で、社会的孤立対策として法律事務を含めた包括的な見守り支援の必要性が認識された。

　2020年には市営住宅の保証人をなくし、緊急連絡先がどうしてもない場合は市の市民生活相談課が対応することになり、見守りは地域包括支援センターや心のサポートセンターと連携することになった。

（2）取組の内容

　現在は、何か困りごとがある人からの相談や、そういった人を把握した情報が市民生活相談課に入ることになっている。市民生活相談課の担当が、関与する人（例えばケアマネジャーや市の納税課など）を集め、対象者に必要な支援をアレンジする。時には市民生活相談課の担当者が自ら病院に出向いて医師の説明に同席することもある。

　重層的支援体制整備事業の中で、地域における生活困窮者支援等のための共助の基盤づくり事業を実施し、社会福祉協議会への委託や、司法書士の運営する一般財団法人滋賀県財産管理承継センターとの協定を結んで、死後事務のしくみづくりをする予定である。

知多半島5市5町が委託する特定非営利活動法人知多地域権利擁護支援センター

（1）取組の背景

　前身は障がい者に対する支援を提供する組織だったが、支援の中で親を亡くした後の障がい者の法人後見を始めていた。2008年から5市5町（合計人口およそ62万人）の委託を受けて成年後見制度の利用促進に取り組むことになり、14年間で600件ほどの法人

後見を受任している。

　知多半島は元々市民活動が盛んであること、福祉系の大学と包括協定を結び学生のインターンシップを受け入れているなど、人材面で比較的恵まれた地域といえる。

（2）取組の内容

　被後見人の属性は様々だが、経済状態に関わらず、やや困難な事例について、自治体や地域包括支援センターから相談があり、成年後見人を引き受けることが多い。今後は市町村の社会福祉協議会にもノウハウを展開し、分担していくことを考えている。専門職や一般市民向けの研修も数多く行っている。

ガイドラインを整備した新潟県魚沼市（人口約3万4,000人、高齢化率37.4%）（2021年12月現在）

（1）取組の背景

　核家族化や高齢化に加えて人間関係の希薄化から、地域で孤立している人が増加しており、そのように家族・親族がいないために、医療や介護・福祉のサービスが受けにくくなってしまうことを解消するため、支援者の不安や負担を軽減することを目的としてガイドラインが作成された。

（2）取組の内容

　「魚沼市における身寄りのない人への支援に関するガイドライン」には、まず身寄りがないことで起こりうる問題が列挙されており（図表2-5）、それぞれにどのように対応するかが書かれている。利用できる既存の制度やサービス事業者も合わせて紹介されている。

　また、成年後見人が「身寄り」代わりを期待されることが多いこ

■図表2-5　魚沼市ガイドラインで整理されている「身寄りがない
　　　　　ことにより起こりうる問題」

》03　身寄りがないことにより起こりうる問題

身寄りがないことにより起こる問題は、主に次のような場面で顕在化します。

1｜在宅時に起こる問題　》》》

① 災害時及び救急搬送時の緊急連絡先
② 福祉サービスの利用契約やケアプラン等の同意
③ 預貯金の払戻しや公共料金等の支払いなど金銭管理
④ 葬儀や遺品の処分などの死後事務
⑤ 賃貸住宅への入居
⑥ 空き家の問題

2｜入院・入所から退院・退所までに起こる問題　》》》

① 緊急連絡先
② 入院費及び施設利用料の支払い
③ 日用品等の準備・購入
④ 入院計画書やケアプラン等の同意
⑤ 医療行為（手術、延命治療など）の同意
⑥ 退院・退所の際の居室の明渡し及び退院・退所先の確保
⑦ 亡くなった際の遺体の引き取り及び居室の明渡し

〈出典〉「魚沼市における身寄りのない人への支援に関するガイドライン」（魚沼市、令和2年11月）2～3頁

とを踏まえ、成年後見に関する知識の普及をはかることもねらっている。

　ガイドラインについては半田市地域包括ケアシステム推進協議会（愛知県半田市）が「「身元保証等」がない方の入院・入所にかかるガイドライン」を2014年に出しており、その後の国のガイドライン策定等の際に参考にされている。

　以上のように、自治体の規模や組織の特性によって、様々なアプローチが行われている。

4 自治体のこれからの課題

身寄りのないことの一般化による対象者の増加・多様化（個・孤のライフ・エンディング問題の一般化）

　家族が「福祉における含み資産」[14] とされ、実際に三世代世帯が多くその中の専業主婦が家族をケアしていた時代から、1995年には「社会保障体制の再構築（勧告）」において世帯の小規模化や家族の縮小化を踏まえて世帯単位での社会保障から個人単位の制度への転換や自立支援への転換が強調され、介護保険制度が創設された。それでも、まず家族が高齢者を支援するという前提は様々な場面において変わらずにあったことは、身元保証人を求める慣習が残っていることからも明らかである。

　筆者がヒアリングを行った自治体や医療・介護関係者からは、「身寄りが全くないということは、それまでの困難な人生の帰結」ということが聞かれ、人間関係を壊してしまったり、うまく維持することができずに生きてきた特殊な事例という受け止めが現時点では多いようだった。一方で、「おひとりさまの終活」が人気を集めていることでもわかる通り、結婚をしない、子どもを持たないことはも

---

14)「厚生白書（昭和53年版）」（厚生労働省）

はや特殊なことではなく、その帰結として身寄りがないという人が増えてきていると考えられる。特定非営利活動法人つながる鹿児島が主体となって行った「「身寄り」のない生活困窮者及び若者に対する支援事例に関する調査研究事業」においても、「身寄りがない事自体が「第2のスタンダード」としてとらえるべきとの結論に至った」と記載されている。家族がいたとしても、小規模な家族だけで長い高齢期を支えられるかというと難しく、「身寄り」としての機能は弱くなっている。そういう意味で、「身寄りに期待できない」ことは一般化しつつある。

　自治体の性質（規模や人口移動等）によるが、都市圏では特に多様なライフスタイルを過ごしてきた人が高齢期に「身寄りがない」ことで困ることが増えてくると考えられる。数としても、求められる支援の内容としても、従来の福祉的支援の範疇を超える場合があると想定される。どこまでどのように自治体が関与するのか、関与しない場合の選択肢などを、対象の分類に基づいて整理していく必要がある。

最後は自治体に頼りたいと考える住民、制度を作っても乗ってこない住民

　近年、一般向けの書籍として、「おひとりさま」の「老後」を扱ったものは多数出版されている。また、終活支援のサービスも多数出てきている。それだけ、「今は快適に過ごしているがこの先どうなるかわからない、備えたい」というニーズが高まっているのだろう。一方で、自治体が行う終活支援サービス（エンディングノートの配布や情報登録など）を住民が積極的に利用するかというとそうでは

なく、普及啓発のための勉強会に参加しても、勉強をして終わってしまうことが多いという。

　また、普段人との接触を好まないような人ほど、「いざとなれば自治体に頼りたい」という意向を持っている。普段からの人付き合いは煩わしく、かといって任意後見契約や身元保証等高齢者サポート事業の利用に至る具体的なきっかけもないといった場合、住民であって納税もしてきたのだから自治体がなんとかしてくれるべき、という期待を持つのも無理はない。

　身元保証に関連する課題解決は、元々家族・親族がサポートしてきたような、私的な領域に立ちいることが必要な支援である以上、周囲が無理に立ち入らざるを得なくなる前に、住民が早期から主体的に対策を取ろうとすることが望ましい。そのことによって、問題が大きくなることを予防でき、本人の意思を反映した形で人生を全うすることができる。

　今後自治体が担うべき役割としては、身寄り代わりになることよりも、住民が自ら備えるための動機付けや手段の整備、住民が備えたことが無駄にならない手段の整備といった視点が求められるだろう。

顕在化した課題から、背後にある課題にたどり着けるか

　「身元保証問題」は、これまで主に入院や入所や転居の場面で、「身元保証人がいない」という形で顕在化することが多かった。そのため、病院や介護施設や大家が求めている保証の分析（身元保証人の機能の整理）をした上で、身元保証人がいない場合、どのようにその保証機能を分担するのか、といった対策がなされてきた。

　実際は、身元保証人となるような身近に手助けをする存在がいない人は、その他の場面でも課題を抱えがちであることは個・孤のライフ・エンディング問題として書いてきた通りである。なんとか入院ができたとしても、今度は退院して家に帰るとか、転院するときにまた身元保証人の問題が生じる。あるいは、家やペットなどその人の周りにあるもののメンテナンスができずに周囲の人が困ってしまうようなことも出てくる。場面ごとでなく、その「人」の単位で課題解決を図るという考え方での取組が必要である。そのためには、身近に手助けする存在がいない人、そのために困っている人を早期に発見したり、そのような人が自ら手立てを講じられたりするようなしくみが必要である。

死後事務をどこまで・誰が行うのか

　人の死後には様々な手続きが必要になる。葬儀納骨はもちろん、死亡届の提出を始めとした公的な手続き、それまで利用していたサービスの利用料の清算や解約手続き、居住していた家や自動車の整理・処分、ペットがいればその譲渡など、その人の生活を構成していたあらゆるものの振り分けや終了の手続きをしなければならない。子世代がいない場合はなおさら、そのままにしておけるものが少なく、すべてについて何らかの段取りをしておかねばならない。

　そのためそれらを生前に特定の人に代理させることを決めておく「死後事務委任契約」が近年注目を集めている。通常の委任契約であれば、委任者が死亡すれば契約が終了するはずである[15]。ただ、死後事務委任契約においては、委任者の死亡で契約を終了させない合意があることが明白なので、その事務処理が委任者の死亡と直接

関係していて、「一定の範囲」内に入っていれば、例外的に許容すべきという折衷案が受け入れられている。ただし、この「一定の範囲」がどのようなものであるかは定まっていない。相続人がいて、死後事務委任契約が実行されることによって相続人が不利益を被る場合、相続人は解除権を行使できるのか、遺言制度と死後事務委任契約はどちらが故人の遺志を実現するものとして上位なのかなどの議論がある。自治体や社会福祉協議会が死後事務を行う場合、死後事務委任契約に基づいていたとしても、こういった議論が定まっていない中で、例えば相続人が現れた後に問題になってしまうのではないかといったような不安を抱えていることは多い。

　また、せっかく生前に死後事務委任契約を結んでいても、それが履行されることを担保するしくみが十分に整っているわけではない。遺言書に関しては、2020年7月に自筆証書遺言を法務局に預ける[16]ことができるようになり、遺言書を確実に「残せる」ようにはなっている。ただし死後事務委任契約も法務局に預けた遺言も、その存在が誰にも知られていないとか、相続人がいない（名乗り出ない）場合には、せっかく遺した本人の意思が実現されない可能性もある。横須賀市のような終活情報登録伝達事業において、誰と死後事務委任契約を交わしているか、あるいは遺言を法務局に預けている、といった情報が集約されていると、本人の意思を実現したいという人がいる場合には有効だろうし、いなければやはり実現されない。本人の意思を死後に実現するためには、意思が形として遺さ

15）民法653条1号
16）法務局における遺言書の保管等に関する法律

れていることだけでなく、それを実行すべき人（実行しようと思う
人）が存在して、その人に本人が死亡したことが伝わり、できれば
実行されたことが可視化できるようなしくみが必要である。

第3章 | 民間サービスの現状と課題

 終活支援、死後事務を入り口とした企業サービス

身元保証もカバーする「イオンの終活」（イオンライフ）

　イオンリテール株式会社は 2009 年から独自の品質基準を満たす全国約 500 社の葬儀社と提携した「イオンのお葬式」事業を開始していた。人口動態やライフスタイルの変化に伴って「終活」（生前に相続や葬儀を準備するなど）のニーズが高まっていることを受け、2014 年 9 月には葬儀だけでなくシニア世代の終活のトータルサポート事業を行う「イオンライフ株式会社」を設立するに至った。

　イオンライフ株式会社は、葬儀や永代供養やペット葬といった死後へのサービスを行う一方で、「イオンの終活」として、相続・介護・遺言・保険・墓・葬儀に関するソリューションを提供している。イオンの店舗における終活フェアによって顧客との接点が持てることが強みのサービスである。メニューとして身元保証も含まれており、身元保証等高齢者サポート事業者との連携によってサービスが提供されている。

"安心・安全な終活関連の WEB プラットフォーム" を目指す「みんなが選んだ終活」（ライフフォワード株式会社）

　燦ホールディングス株式会社は、専門葬儀社最大手の株式会社公

益社を中核とするグループで、葬祭サービス、葬祭関連サービスを扱ってきた。2020年4月に「ライフフォワード株式会社」を設立し、7月に終活関連の多様なニーズに対応するためのポータルサイト事業を開始した。生前に自身の葬儀や墓や相続について考える「終活」がブームになり、ライフエンディングステージに必要な商品・サービスへのニーズが高まる一方で、費用やサービスに関するトラブルも発生していることから、ライフフォワード株式会社が信頼できる事業者と提携し、ポータルサイトで紹介するサービスである。「みんなが選んだ終活」として葬式、墓、法事・法要、相続、保険、もの整理といったジャンル別に情報をまとめ、無料相談、専門家の紹介を行うほか、評価員がチェックしたサービスを紹介している。インターネットで自ら情報を集める高齢者が今後増えることを見据えた事業である。

多様な事業者を紹介する終活紹介サービス（日本郵便）

　日本郵便株式会社は2018年10月に終活紹介サービスの試行を東京都江東区の40局で開始した。2019年2月には東京全域の郵便局、2020年11月には北海道全域の郵便局に取り扱いを拡大している。

　終活紹介サービスは、日本郵便株式会社が葬儀、墓、相続手続きなどの準備、民間介護施設案内、遺品整理・生前整理などのニーズに関する相談を受け、関連事業者を紹介するサービスである。関連事業者の増加に伴って取り扱いメニューが増えており、2021年7月には一般社団法人全国シルバーライフ保証協会との連携によって、身元保証、財産管理、任意後見、死後事務に関するサービスが追加された。その他に、墓、葬儀・お別れ会・仏壇仏具、相続、介

護施設、遺品整理・生前整理・家財整理、写真・ビデオ等の思い出整理、デジタル遺品整理、自分史作成、出張写真撮影について紹介されている（2022年3月時点）。

死後事務にフォーカスした「おひとりさま信託」（三井住友信託銀行）

　三井住友信託銀行株式会社は、2019年12月に、単身者や身寄りのない人、家族と離れて暮らす人といった「おひとりさま」向けに、死後事務をサポートする「おひとりさま信託」の取り扱いを一部の店舗から開始した。おひとりさま信託は、①身の回りのことに対する希望を記載したエンディングノート（電子媒体、随時更新可能）の預かり、②SMS（ショートメッセージサービス）による安否確認、③遺言代用機能（相続発生時、死後事務の費用支払や寄附を実行）、④死後事務委任を受ける一般社団法人安心サポートの紹介を特長としている。

　死後事務委任を受任する一般社団法人安心サポートは三井住友信託銀行株式会社と三井住友トラスト・ホールディングス株式会社によって設立された法人である。おひとりさま信託の契約者は三井住友信託銀行に財産を信託し（300万円以上）、契約者が死亡すれば死後事務を一般社団法人安心サポートが行ってその費用を三井住友信託銀行が支払い、残余財産も予め契約者が指定した1人の相続人あるいは1つの寄附先法人に支払う。

　2020年6月には、金銭信託は50万円から設定でき、残りは死亡保険金額が250万円以上の死亡保険金債権信託にすることで、少ない金額からサービスを利用できるようにした生命保険型の取り扱いも開始されている。

法律専門職グループ法人が提供する「尊厳の信託」サービス（OAG ライフサポート）

　OAG グループは株式会社 OAG をヘッドクォーターとし、税理士法人、監査法人、弁護士法人、社会保険労務士法人、行政書士法人、司法書士法人といった専門資格の法人と、経営戦略等、法人向けのコンサルティングサービスを提供する複数の法人から成っている。

　2021 年 4 月には死後事務、任意後見、身元保証、高齢者生活支援を事業内容とする株式会社 OAG ライフサポートを設立した。

　家族に頼れない、頼りたくない「おひとりさま」の状況に応じ、複数のパックが用意されている。死後事務委任契約や任意後見契約を基本的なツールとしつつ、親族をどれだけ頼ることができるのかによって対象者を分類し、障がいのある子への対応や賃貸住宅入居のサポートについては別メニューを設けている。

　大別すると、複数の分野の複数のサービス事業者をまとめ、終活窓口への相談からそれらの事業者と利用者をマッチングするのが前の 3 社である。終活に関連するサービス事業者は地域密着型の小規模なものが多く、定型的でなく利用者のニーズに応じて決める部分が多いため、事業者をまとめることや利用者のニーズを予め整理しておく機能そのものがサービスとして求められているということである。

　自社及び関連会社でサービスを完結させるのが後の 2 社である。利用者からすれば複数の事業者とそれぞれ契約を交わすことは、選

択肢が広く自らのニーズに合わせられる一方で、負荷としてはかなり高いものになることは否めず、信頼のおける少数の相手との契約の方が好まれることも多くあるだろう。

利用者の経済状態や、終活に関係する課題のどこまでをこういった民間サービスの利用によって解決したいと考えるかによって、フィットする形は異なるだろう。

2 身元保証等高齢者サポート事業者

第1章1で簡単に紹介したが、身元保証等高齢者サポート事業は現在のところ特に監督官庁の存在しない、自由なビジネスである。そのため、事業者の数や利用者の数を正確に把握することは難しいが、日本総合研究所が実施した調査で詳しいデータが得られた24事業者について活動範囲や契約者数をみると**図表3-1**のようになる。日本ライフ協会が倒産した後は、全国に活動範囲を持ち契約者数が1,000人を超えているのは古参の2事業者のみで、ある程度限定された範囲にサービスを行う小規模な事業者が多い。より小規模で地域密着型の事業者はもっと多く存在すると推測される。そういった事業者は「身元保証」をメインのサービスにしているとは限らず、例えば司法書士が死後事務や任意後見の業務の傍ら、身元保証や生活支援をニーズに応じて提供している場合もあるし、ボランティア活動をしている人が生活支援のニーズに気づいてサービス化する場合もある。

事業開始のきっかけは様々だが、サービスメニューは、家族や親族が高齢者に対して行ってきたこと、また医療機関や介護施設など

■図表3-1　調査に回答した身元保証等高齢者サポート事業者の活動範囲や契約者数

		事業開始年	提供規模※	
			エリア	利用者数※※
事業者	①	2014年	東京、名古屋、大阪周辺	中規模
	②	2014年	京阪神	小規模
	③	2001年	愛知、岐阜、東京、神奈川、埼玉、静岡、滋賀	大規模
	④	2011年	福島県、東京都、札幌市・仙台市・名古屋市・羽島郡笠松町・大阪市・岡山市・広島市・北九州市	中規模
	⑤	1993年	全国	大規模
	⑥	2017年	熊本市周辺	小規模
	⑦	2014年	近畿圏	小規模
	⑧	2009年	茨城県内、一部千葉県内	中規模
	⑨	2011年	全国（ただし訪問可能なのは関西圏）	中規模
	⑩	2016年	京都府、滋賀県及び大阪府を中心とする地域	小規模

※提供エリア及び利用者数は事業者のアンケート調査への回答を基にしている
※※大規模：利用者1000人超、中規模：利用者100人超、小規模：利用者100人未満
〈出典〉「地域包括ケアシステムの構築に向けた公的介護保険外サービスの質の向上を図るための支援のあり方に関する調査研究事業」（日本総合研究所、2017年）

が高齢者の家族や親族に期待することをベースにしているため、かなり似通ったものになる。ただ、重視するポイントや強みの部分は、事業者によって異なっている。日本総研が2019年に実施したヒアリングを基に、4つのパターンをここで紹介する。

葬儀・お墓から始まった古参事業者（りすシステム・きずなの会）

　大規模な古参事業者とはNPOりすシステム（1993年事業開始）ときずなの会（2001年事業開始）である。どちらも元々は、墓の生前契約を本業としていたが、契約者には単身者が多く、せっかく

契約した墓にどのように入るかという課題や、入院入所の際の身元保証という課題が存在することを知り、後から身元保証や生活支援のサービスを付加したという経緯を持っている。

　NPO りすシステム（本部：東京都千代田区）は生前委任契約（保証、財産管理、日常生活・療養看護）、任意後見契約（判断能力低下時の財産管理及び身上監護）、死後事務委任契約（遺体引取り、埋葬等）を結ぶことで家族が高齢者に対して要所要所で行うような支援を「契約家族」として提供してきた。

　事業開始当初は相談会や個別面談によって詳細な企画書を作成し、公正証書契約締結を行うという手順が踏めていたが、近年は入院時など、身元保証人になることを急ぎ求められ、まずは5万円で簡易な契約を結ぶケースが増えているとのことだった。また、単身者だけではなく、親と単身の子の世帯で子が自立していないといった契約者が増え、創業当時の「家族にとらわれることなく自由に生きるためのサービス」とは様相が異なってきている。

　サービス提供は全国をカバーしているが、元々想定していたのは、主に重大な局面での支援提供であって、日常生活の手伝いではなかった。日常生活の手伝いをするためには、頻繁に契約者宅に行く必要があり、人員体制や収益モデルに無理が生じているため、見直しを行っているとのことだった。2021 年 10 月には全国各地のパートナーへの業務委託によってサービスを提供することを発表している。

　NPO 法人きずなの会（本部：愛知県名古屋市）も墓や葬儀の生

前契約から始まり、ある契約者が身元保証人がおらずに老人ホームへの入居ができなかったことから身元保証のサービスを始めている。事業開始当初は施設利用料を保証することだけを想定していたが、実際に求められる役割は救急搬送の際の医療機関への駆けつけなど広範にわたるものであるとわかり、その部分は生活支援として有料化していった。対象の方が亡くなった後のことにも対応できるよう、死後事務もサービス化した。事業開始当時に低所得の方とも契約していた流れで、生活困窮者との契約が多い。

　サービス提供エリアは愛知、岐阜、東京、神奈川、埼玉、静岡、滋賀、大阪である。全15か所の事業所から原則1時間以内に駆け付けることができる市区町村の在住者を対象としている。エリアの拡大については慎重に考えている。長期の契約となるため、不採算だからといって簡単に撤退できる事業ではないからである。

　生活支援サービスは、身元保証人としての緊急対応のことを指していることは契約者の理解を求めており、見守りのニーズについては警備会社のサービス等の利用を推奨している。

　どちらの事業者も20年ほど前に単身者の課題に気づく機会があり、ニーズに応じてサービスを作り上げてきている。だが事業開始から時間が経ち、契約者の高齢化や利用動機の変化に伴って、支援の負荷が高まっている。契約者が実際に入院・入所することが増えればそれだけ医療機関や介護施設に出向くことが増えるし、日常生活においても多くの接点や手伝いを求める利用者が増えればやはりそれに応えていかざるを得ない。そういった、実際に「出向く」支援を広い範囲に提供することについては相当の人員がなければ難し

いため、どちらの事業者も設立当初からのビジネスモデルの変化を迫られている。預託金については別法人が管理している。どちらも契約者の死後に財産の遺贈を受け入れているが、そのことによって批判も受けがちである。

法律専門職が立ち上げた事業者（シニア総合サポートセンター、ライフエンディング・ステージあさひ、全国シルバーライフ保証協会）

　近年は、弁護士や司法書士、行政書士といった法律専門職が身元保証等高齢者サポート事業を始めるケースも多くみられる。元々、相続や遺言、任意後見などの専門的な業務を行っている中で、特に施設入居の際の身元保証について相談を受けたことから事業を開始している。相続や遺言や施設入居（特に有料老人ホーム）の相談から事業利用に結びつくことが多い分、ある程度資産のある契約者が多い。

　一般社団法人シニア総合サポートセンター（本部：東京都港区）は弁護士法人を母体としており、相続や不動産の分野に強みを持つことから高齢者の相談件数が多かった。高齢者の抱える不安・悩みとして成年後見制度や施設入居にかかる問題を相談される機会も多かったことから、弁護士とそれ以外の職種が連携して高齢者を総合的に支援する組織の必要性を感じ、2014年に一般社団法人として当法人を設立した。身元保証サービス提供エリアは、東名阪（東京、名古屋、大阪周辺）である。支部を札幌から那覇まで設置しているが、東名阪以外の支部は弁護士事務所と併設しており、任意後見だけをサービスとして提供している。また、イオンライフ株式会社と

提携し、高齢者を対象としたセミナーを開催し、身元保証サービスを提供している。

ライフエンディング・ステージあさひは、母体は行政書士法人である。行政書士法人では相続・遺言業務をメインとしていたが、任意後見や死後事務を受託するために一般社団法人を設立した。当初身元保証・引受は業務として行っていなかった。取引先の有料老人ホームから身元引受人の自社引受や預託金の自社預かりについて相談があり、これらは利益相反にあたる場面が想定されることやホームの不明瞭会計を助長させる危険性があると説明した。その後取引先有料老人ホームから身元引受業務を引き受けてほしいと要請があり、自前で身元引受サービスを立ち上げた。身元保証サービス提供エリアは神戸市・京都市を中心に京阪神間全域である。有料老人ホーム、金融機関、士業等の紹介によって契約する人が多い。また、銀行でのセミナー等啓発活動を行っている。

一般社団法人全国シルバーライフ保証協会は、母体はベストファームグループという、法律手続きに関する士業の会社のグループである。

全国シルバーライフ保証協会は、各地のシルバーライフ協会（サービス提供主体）の金銭債務保証機能を分担している。先行していたきずなの会、りすシステムが在宅独居の方向けの身元保証サービスに強みを持っていたため、差別化を行い有料老人ホーム等入居の方向け中心に身元保証サービスを展開した。2012年6月に代理店組織による身元保証サービスの全国展開のため、また身元保証と任意

後見・死後事務委任を行う法人の分離のために、全国シルバーライフ保証協会を設立、ベストファーム協会は東京シルバーライフ協会（以下地区協会）と名称変更した。現在は東京・北海道・宮城・福島（3拠点）・愛知・京都・滋賀・大阪・岡山・広島・福岡の全国13拠点でサービスを提供している。同地域の身元保証代理店及び各地のシルバーライフ協会と連携して身元保証及び事務委任による財産管理・任意後見・死後事務委任を提供している。

2021年7月からは日本郵便株式会社の終活紹介サービスとの連携を開始している。

いずれの法人も、外部の信託会社によって預託金を保全している。また、契約者からの遺贈は受けていない（寄附の希望があれば寄附先をアレンジする）。有料老人ホームとの連携だけでなく、終活支援サービスを提供する企業との連携も増えてきている。

地域の有志が立ち上げた事業者（しんらいの会、夢ねっとはちどり）

元々地域における活動で築いたネットワークをベースに身元保証等高齢者サポート事業を行っている地域密着型の事業者も増えてきている。

しんらいの会（本部：茨城県土浦市）は、茨城県最大手の保険代理店経営者の子息が代表者となり2009年に事業開始した。独立した事業を考える中で、少子高齢化時代に対応し、任意後見を普及させようと思ったが、勉強するうち身元保証人の問題が大きいことを知った。古参事業者のセミナーに通い、事業のしくみを学びながら

運営のノウハウを吸収した。代表は元々、地元の青年会議所に所属し、公益社団法人日本青年会議所の地方支部に出向していたこともあり、その人脈で事業に必要な専門職等がカバーできると気づき、学んだしくみをたたき台として、事業展開した。

　サービス提供エリアは茨城県内、一部千葉県内である。一般への訴求はしておらず、本人・ケアマネジャー・民生委員等が、市役所や地域包括支援センターに保証人がないことについて相談し、会を紹介されることが多い。医療機関からの紹介もある。特定の施設との連携はしていない。日常的な生活支援サービスは利益上も、信頼関係の構築という意味でも重視している。ただし、常に試行錯誤しながらやっている。派遣する優先順位を事務担当者が決めて、シフトをやりくりしている。

　一般社団法人夢ネットはちどり（本部：熊本県熊本市）は2014年に熊本市の医療・福祉関係の有志が集まり、60歳以上のアクティブシニアが「はちどりワーカー」として高齢者を支える社会づくりを目指し、介護保険外の日常生活支援サービスを提供するための団体を設立した。

　独居高齢者の日常支援サービスの利用が多かったことから、熊本市内の地域包括支援センター担当者や病院の地域連携室から、入院・入居の身元保証をしてもらえないかという相談があったが、日常支援の範疇を超えるので難しいと考えていた。しかしNHKのおひとりさま問題の報道を見た団体監事の弁護士が「これは私たちがやるべきだ」と提案した。身元保証を引き受けるには、本当の意味で支えられるようにすべく、保証をするなら身元引受けをきっちりと対

応できるよう死後事務委任契約を結ぶ必要があると考え、1年ほど
かけてしくみを作り、2017年にサービスの提供を開始した。

　熊本市の医療法人理事長や福祉分野の専門家が顧問となってお
り、法人の副理事長が院長をつとめるクリニック附属の研修施設を
事務所として活用していること等から、利用者や自治体からの信頼
につながっている。

　熊本県と連携して運営されている「くまもと高齢者支援イン
フォーマルサービスネットワーク」の事務局をしていて、県内で介
護保険外の高齢者支援（移送や美容、空き家管理、ペット預かり、
緊急駆けつけ、外出付き添い等多岐にわたる）をしている複数の企
業と連携している。

　サービス提供エリアは熊本、玉名、山鹿、八代等、事務所から1
時間〜1時間半くらいの距離のエリアである。生活支援は元々独立
したサービスとして存在している。生活支援は利用希望者の近隣に
在住の「はちどりワーカー」が提供する。

　どちらも、事業者に対する自治体や地域包括支援センターの信頼
があり、契約者を紹介されている。また、地域密着のため日常的な
生活支援を元々想定している。事業者のみで家族代わりをするとい
うよりは、地域のネットワークの中で必要な支援を提供したり、コー
ディネートをする形に近い。

　いずれも、預託金は外部の団体に監査を受ける方式である。もし
利用者から寄附の希望があれば、別の選択肢も示しつつ、受け入れ
ていく方針である。

日本ライフ協会の元従業員が立ち上げた事業者

　身元保証等高齢者サポート事業が注目されたきっかけを作ったのは日本ライフ協会の破たんであった。当時、日本ライフ協会の各支部では実際に契約者への支援業務が行われており、日本ライフ協会が破たんした後もサービスを継続するために地域で独立した事業者が複数存在する。その中で話を聞くことができた一般社団法人京都高齢者支援協会について紹介する。

　代表は元々日本ライフ協会の職員だった。日本ライフ協会の破たんに伴い、他の職員2名と独立して、それまで担当していた契約者に対して継続的にサービスを提供することを決めた。

　担当していた契約者（およそ60名）を1件ずつ回って説明し、さらに説明会等を実施したところ半分くらいが賛同し継続意向を表明した。破たん直後は日本ライフ協会の事務所をそのまま使っており、2016年4月は移行期間として個人でサービスを提供し、2016年5月には新しい法人を登記し正式にサービス提供を開始した。

　日本ライフ協会の破たんの原因は、入会金以外に収入がなかったことと考え、顧客へのサービス提供のあり方は踏襲しながらも、月会費や支援費による収入を得るモデルに変えた。小規模、地域密着で事業を行っている。

身元保証等高齢者サポート事業をどうとらえるか

　身元保証等高齢者サポート事業はこれまで家族が行ってきたことを代行するサービスである。身近に頼れる人がいない高齢者にとっては心強いサービスであるが、家族の代行にはリスクや限界があり、

契約者もその周囲の人も、それを理解して利用しなければならない。その点や利用の際のガイドについては第1章2で紹介している。

　身元保証等高齢者サポート事業は新しい領域の事業であるうえ、日本ライフ協会の破たんや、寄附をめぐって公序良俗に反するという判決が出たといった事件の時に注目を集めてきたので、信頼できないという目で見られることも多い。一方で、同業者は医療機関や介護施設、自治体等で手が届かない支援を提供するものとして頼られている現実がある。

　身元保証等高齢者サポート事業については、高齢者本人が望むのであれば、第1章2で紹介したように、自分が望む支援を明確にして契約し、支払える範囲で利用する分には差支えがない。

　ただ、本人が望んでいないのに、周囲（例えば医療機関や介護施設）のニーズのために契約を迫られるようなことは、できるだけ減らしていくべきだろう。例えば多くの身元保証等高齢者サポート事業者の主要な顧客接点は医療機関や介護施設であり、事業者からすれば顧客を紹介してくれる機関・施設との関係の方が個々の契約者との関係よりも重要となりうる。つまり、個々の契約者の意向よりも顧客を紹介してくれる機関・施設の意向を優先することになりやすい構造といえる。「身元保証人が必要」という機関・施設の要望に対し、ガイドラインを活用するなどして状況や情報を整理し交渉している自治体があるが、そのような方法で施設・機関の要望を満たせないか試みることがまずは重要だろう。

　単にサービス提供側のリスクを減らすためだけの身元保証は見直されるべきだが、家族の支援を得にくい高齢者のニーズは確実に存在する。第1章2で紹介したパンフレットでも強調している通り、

「家族代わり」「老後の面倒を見てもらえる」という期待だけで契約をしてしまうと、期待とのずれが生じて、思ったようなサービスではない、高価である、といった不満が出てきてしまいがちである。どのような場合にどのように「家族代わり」に「面倒をみてほしい」のかを例示するなどして、各事業者のできることやできないこと、価格を確認しておくとよい。また、契約者との信頼関係を築きながらも、モラルハザード（個人的に金銭を受け取ってしまうなど）に陥らないしくみをその身元保証等高齢者サポート事業者がどのように構築しているかもチェックすべきポイントである。

　大規模事業者については医療機関や介護施設に幅広いネットワークを持っており、契約開始自体は安価で利用しやすい設定になっている。ただし在宅生活において密なサービスを提供することは簡単ではなく、特に入院時に契約した場合、退院後にトラブルになりやすい。地域密着型の事業者についてはいずれも規模が小さいが、地域におけるサービス提供は比較的密に行いやすい。いずれにしても、安定的に収益の見込めるモデルが確立していない事業であることを念頭に置いて利用すべきだろう。

　喫緊の高齢者や施設・機関のニーズについてはうまく身元保証等高齢者サポート事業者を活用しながら満たすしかないが、身近に手助けする人が得にくい高齢者の老後をどのように支えるかについては、自治体、医療機関や介護施設、金融機関、身元保証等高齢者サポート事業者などが共に検討し、機能分担する必要があるだろう。

3 自治体が民間サービスと連携して身元保証問題を解決する事例

　身近に手助けする人がいない高齢者の課題は、生前から死後にかけて長期かつ分野をまたいで存在する。一方で自治体が自ら提供できるサービスは、対象者の要件やカバー範囲が限られているし、人手も限られている。

　身近な家族が果たしてきた役割を、今後誰がどのように代替していくのか、自治体がどのような役割を果たしていくべきかについてはいまだ議論中だが、住民が自治体に寄せる期待は高い。フォーマルな形で民間事業者と連携している事例と、個別の連携事例について紹介する。

市が葬儀事業者と協定を結んで、意志伝達を行う（横須賀市）

（1）死亡情報の把握を行える「市」が事業を実施

　第2章3でも紹介した通り、神奈川県横須賀市は低所得の単身高齢者を対象として、葬儀社との死後事務委任契約締結を支援する「エンディングプラン・サポート事業」を行っている。

　事業開始にあたっては、「市の事業とするまでもなく、低所得者に安価な葬儀を行う葬祭事業者を紹介する従来の福祉葬で十分ではないか」との意見も出たが、複数の葬祭事業者から、「独居高齢者に限っては死亡情報の把握が葬祭事業者だけでは困難で、把握が遅れれば生前契約も反故となる。行政連携は必須である。」との意見が出たために協働することになった。市内の葬祭事業者約40社に書面で事業趣旨を伝え協力を要請し、これまで10社が協力葬祭事

業者に登録されている。

（2）本人の意思を伝達する

この事業は、一人暮らしで頼れる身寄りがなく生活にゆとりがない高齢市民の葬儀から納骨までの生前の希望を、最低額の本人負担（葬儀から納骨までで26万円（2020年度）を本人が選択した葬祭事業者に生前予納する）で実現させる、いわば"本人意思の伝達"事業である。

また、医・歯学系大学で必須の人体解剖実習は献体で成り立つが、独居高齢者の場合は、①死亡情報が伝達されない、②解剖後、火葬されても、遺骨の引取り手がいない、等の理由で献体登録を断られることが多かった。このため、横須賀市と地元の神奈川歯科大学で協定を締結した。本事業該当者が献体を希望すれば、独居者でも献体登録が可能となった。

独居者の場合、医療機関が必要とするリビングウイルは、市も預かるが、24時間営業する葬祭事業者も保管している。市と葬祭事業者の連絡先が記載されたカードの携帯で、24時間、単身者のリビングウイルを伝達できる。

（3）倒産リスクへの対処

本人払いの費用は、地方自治法で自治体は預かれず、葬祭事業者に生前予納される。このため葬祭事業者の倒産リスクがあるが、自治体には火葬義務があるので、25万円の額なら、当初の事業者が倒産した場合、市は墓地埋葬法等で費用負担し、当初契約の内容を別の葬儀社に依頼する。仮に倒産リスクを恐れ本事業を実施しないと、自治体は引取り手のない遺体のすべてを公費で火葬することになるため、事業者倒産リスクだけを負う本事業は財政的にもメリッ

トがある。信託を介在させる方法も考えたが、本人の負担が増える
ため見送った。低額でベーシックながらご供養付の納骨までの包括
的プランを提供しつつ、同時に民業圧迫や、ダンピングも巧みに回
避している。

（４）情報が集約される「市」の立場を活かす

　生活困窮者自立支援法と生活保護法を担う福祉部生活福祉課自立
支援担当が本事業を担当することとなったのは、独居高齢者が救急
搬送された場合、当該課に医療機関から最初に連絡が入り、身寄り
のない者の死亡情報が集まったためである。意識がなく独居で高齢
という、"医療費未払いリスクの大きい患者"の場合、医療機関は、
まず市の生活保護・困窮担当課に連絡し、職権による生活保護開始
を仮依頼する。こうしておくことで、本人が医療費を払えない場合
のリスクが回避されるからである。また福祉部生活福祉課自立支援
担当は、墓地埋葬法、行旅病人及行旅死亡人取扱法、生活保護法を
担当するため、引取り手のない遺体の情報が集約されやすい。

　市の事業とはいえ、登録者が死亡した場合、生前契約した葬祭事
業者への連絡が遅れれば、別の葬祭事業者に火葬業務が回ってしま
う可能性は否定できない。しかし、墓地埋葬法による費用負担の依
頼が、仮に本人が契約した所と違う葬祭事業者から入電すれば、葬
祭事業者のミスマッチが判明する。それは横須賀市が引取り手のな
い遺体や遺骨の関連３法（墓地埋葬法、行旅病人及行旅死亡人取扱
法、生活保護法）を同じ課で一括担当しており、独居者で火葬費用
が捻出できなければ、必ず情報が入るからである。ただ、ミスマッ
チとはいえ、一旦引き受けた葬祭事業者の業務執行を取り消すわけ
にはいかないため、当事業に参加する協力葬祭事業者10社には、

葬祭事業者の取り違えの際は、相互に予納された額を、現に必要となった葬祭事業者に渡すことも含めて、協力要請がなされている。

（5）生前の支援も実施

市は希望を聞き、葬祭事業者との契約に立ち会うほか、死亡時まで訪問や電話で安否確認を行い、必要なら福祉サービスにつなげる等のコーディネートも行う。また契約後は葬祭事業者も家庭訪問を実施。官民協働で孤立し防止に努める。

（6）自治体の強みと限界を見極め、リスクとベネフィットのバランスに配慮

市は、葬祭事業者との協働で、少ない予算で24時間体制の終活支援を実現した。対象を限定して、事業が不必要に肥大化することも抑制し、低額の契約金も生前予納による本人負担とした。このため市の総事業費は年間僅か数万円と極端に少ない。葬祭事業者の倒産リスクを負う一方、この事業を行わなければ、自治体は、増加が続く引取り手のない遺体のすべてに対し、どこまでも公費による火葬を拡大し負担し続けることになる。

本事業は、自治体を中核とした、独居者の死後の尊厳にかかる生前意思の伝達・実現の官民協働事業であり、今後独居高齢者が増加する都市部において有用なモデルと考えられる。なお、神奈川県では同様の事業を行う市が複数出てきている。

大企業と連携している事例（千葉市）

千葉市は、地域包括支援センターに寄せられる独居高齢者の終活に関する相談が増えたことや、高齢化率の高まりを踏まえて、2018年1月からエンディングサポート（終活支援）事業を行っている。

地域包括支援センターで相談を受けて情報提供したり、市民向けの終活に関する講演会を実施するほか、イオンライフ株式会社との終活提携協定を締結していることが特色である。

（1）イオン株式会社との包括協定に基づく「終活提携協定」

　イオンライフ株式会社の親会社であるイオン株式会社は2020年2月末現在で120の自治体と包括連携協定を結んでいる。千葉市とも2011年5月に政令指定都市としては初めて（全体では18例目）包括提携協定を締結した。この包括提携協定に基づいて、2017年11月にイオンライフ株式会社と千葉市が地域市民の「終活」に関する不安を解消し、市民サービスの向上に協働して取り組む、「終活提携協定」を締結した。

（2）イオンライフ株式会社のコールセンターを活用し、相談者にソリューションを提供

　2018年4月に千葉市ではあんしんケアセンター（地域包括支援センター）において終活に関する相談受付を開始しており、その内容によってはイオンライフ株式会社のコールセンターに照会した上で相談者に回答したり、希望に応じて直接相談者がコールセンターで相談できるような橋渡しを行っている。イオンライフ株式会社は相談に連携した具体的なソリューション（葬儀、墓、財産分与、生前整理、身元保証、ペット葬など）を提供する。このコールセンターを活用した終活に関する相談支援と情報提供のほか、イオンライフ株式会社による終活に関するシンポジウムの開催や千葉市職員などへの終活に関する研修の実施は、千葉市協働事業提案制度（市民発意型提案）の枠組みを活用したものとなっている。

個別のケースで連携した事例

　事業や協定といったフォーマルな形を取っていなくても、実際の支援現場では自治体や地域包括支援センターの担当者と身元保証等高齢者サポート事業者等が連携して問題解決にあたることがある。日本総合研究所が実施した調査より、一例を紹介する。

> ・地域包括支援センターと身元保証等高齢者サポート事業者が連携して在宅生活継続支援をした例
>
> 　在宅生活を続けるうえで、本人は通院同行や入院にかかる手続きの支援を求めていた。任意後見契約も検討したが、本人が理解できなかった。本人が入院した時に身元保証等高齢者サポート事業者について知り、利用意向があった。地域包括支援センターが身元保証等高齢者サポート事業者の選定や契約の際に立ち会った。身元保証等高齢者サポート事業者が中心となって本人の在宅生活や入院に際する支援を提供している。地域包括支援センターも必要に応じて連携している。宅配弁当での見守り、身元保証等高齢者サポート事業者の支援を受けて在宅生活が継続されている。

　最後の事例のような、目の前の問題をどうにか解決しなければならないという際の連携は、おそらく多数行われており、珍しいことではないと考えられる。一方で、特に都市部においてこれから独居高齢者や、高齢夫婦のみ世帯など、生前も死後も身近な人の支援が得にくいような人が増えていくことを考えると、自治体や地域包括

支援センターのみ、またその場その場の支援ではカバーしきれなくなると想定される。民間企業の持つソリューションを活用し、住民が確実にそれらを利用できるようなしくみを整えていくことが今後の自治体の重要な役割の1つだと考えられる。

第4章 | デジタル技術を活用した解決の方向性

1 高齢期に伴走支援を提供する「身元保証人」の機能を再考する─金銭、情報・意思、人

　身元保証問題が注目される時の多くは、入院・入所ができないこと、つまり署名する人としての身元保証人の不在が取り上げられる。それが序章で述べた「狭義の身元保証問題」である。しかし、一歩踏み込むと、この問題がもっと広く深いものだということに誰もが気づく。それは、書類に署名する人の不在ではなく、高齢者の生前死後の問題解決に伴走支援をする人の不在である（広義の身元保証問題＝個・弧のライフ・エンディング問題）。

　入院・入所にあたって身元保証人の署名が不要になったとしても、広義の身元保証問題は解決しない。家族・親族を頼れない、あるいは頼りたくない人が増加する中で、高齢期の伴走支援を成立させる新たな手法の確立は喫緊の課題といえる。

　本章では、デジタル技術の活用を中心として新たな手法を検討する。その最初の段階として、高齢期の伴走支援をする存在としての身元保証人の機能を①「金銭」②「情報・意思」③「人」の観点から図表4-1のように整理した。

　これは、将来に向けた課題解決を行うためには、最も貴重なリソースである「人」でなければならない部分と、そうでない部分を分けて整理すべきだと考えたからである。

　身元保証人に求められる機能のうち①は従来の保証という言葉の

■図表4-1　身元保証の要素

①金銭	・本人の経済的事情により支払えなくなった場合の連帯保証
	・本人の認知的・身体的事情により、支払い行為（預貯金の引き出し、振込み等）ができない場合の立替
②情報・意思	・経済状況の把握、情報整理（口座や預金額など）
	・医療行為に関する本人の意向の情報提供（≒同意）※同意はできないため、情報を提示するのみ
	・死後事務（葬式、墓、財産処理）へのつなぎ、または本人の意向の情報提供
	・転院・転居先の検索
③人	・支払い行為（預貯金引き出し、振込等）
	・孤独死のないような見守り
	・入院中の買い物や洗濯物の世話
	・治療計画やケア計画説明の際の「証人」
	・履行にかかる連絡・手続きの実行

〈作成〉日本総合研究所

イメージ通り金銭的なものである。本人の経済的な事情によって支払能力がない時の連帯保証、また認知的・身体的事情によって支払という行為ができない場合の立替を指している。②は情報や意思の伝達機能である。どのくらいお金があるのか、医療行為についてどういう意向を有しているのか、死後事務をどのように行うべきなのか、転院・転居先をどのように選ぶかといった、意思決定にかかる情報提供を指している。③は事実行為と呼ばれるものが中心で、いわゆる「世話」や「手続き」に関するものを指している。ここには精神的な支えになることも含まれるだろう。これらを「死ぬまでずっと、ワンストップで」行うことができる人が理想化されたものが「身元保証人」である。

　このうち、①の金銭については、保険の利用、預託金のしくみ、

信託契約等の工夫がなされつつある。それに比べて②や③については、「誰かやってくれる特定の人」を探すことの方が多い。

　特に②の情報・意思伝達の側面については、他の整理ではあまり注目されていないが今後の解決策を探る上で重要である。例えば医療に関する意思決定において家族の関与が重要視されるのは、本人の意思を推定することができるような情報（延命治療について何と話していたかなど）を有していたり、推定できなくとも何が最善かについて医療・ケアチームと話合うに足るような本人に関する情報（何が好きか、これまでどのような行動の傾向があったかなど）を有しているという前提があるからである。その前提が成り立っていない、つまり本人との交流がなく何の情報も有していない家族を苦労して探し当てても、当初の目的は果たせない。

　③については一番人手のかかる部分であるが、②と分離することによって特定の人に偏らせないで済む。②と③を兼ねる、つまりよく本人のことも知っていて、かつあらゆる世話をする時間や意思がある人を探そうとすれば難しいが、③の世話や手続きや精神的な支えを提供する人は、知人や友人をはじめとしたインフォーマルなネットワーク、有償サービスの利用、ボランティアの活用などでなんとか調達できる可能性がある。親族も、すべてを背負うのではなく、分担ができるのであれば③の部分は関与できることもある。

　誰がコーディネートを担うかについては未解決であるが、いずれにしても、今後身元保証人の課題を解決していくためには、このような分担をしていくことが基本となるだろう。

　特に②の情報・意思伝達については次の2で情報技術を活用するメリットを述べたい。

2　身元保証に情報技術を活用するメリット

　ここ数十年で、情報技術は私たちの生活を大きく変えてきた[1]。1980年代後半から1990年代前半にかけてはポケットベルを中心として移動通信端末が普及を始め、1993年から1998年にかけて携帯電話が急速に普及した。同時にインターネット利用も広まり、現在は多くの人がスマートフォンを所有している。一方向で個人に連絡するだけの時代から、現在では双方向での通信はもちろんのこと、多様なアプリケーションの利用によって日常生活に必要な活動の多くをスマートフォンで行うことが可能になっている。スマートフォンだけでなく、IoT機器を通じて私たちの身体や生活の情報が可視化されている。「Society5.0」構想にみられるように、私たちの生活はリアルな空間だけではなく、すでにサイバー空間にも拡張しており、この2つを組み合わせることによって、これまでの不自由や不便をなくし、よりよい生活を送れるようにすることが目指されている（図表4-2）。

　情報技術と身元保証問題は遠く感じられるかもしれないが、1で書いた通り、身元保証人には、本人に関する情報の蓄積と伝達が期待されている。例えば終末期医療を検討する際には、本人に代わってそれまでに蓄積していた、終末期に関する本人の希望を、医療関係者に伝達することが期待される。もしはっきりとした意思表明が

1）「令和元年度版情報通信白書」（総務省、2019年）

■図表4-2 サイバー空間（仮想空間）とフィジカル空間（現実空間）を高度に融合させたシステムにより、経済発展と社会的課題の解決を両立する人間中心の社会

〈出典〉内閣府ホームページ「Society 5.0」
https://www8.cao.go.jp/cstp/society5_0/

事前にない場合は、それまでの関係で蓄積してきた、本人の価値観に関わるような情報を伝達することで、意思の推定に資することが期待される。本書で、身元保証人の役割として情報の蓄積と伝達を切り出した理由は、情報技術の発達と普及によって私たちの日常生活は大きく変わっているにもかかわらず、高齢期の様々な課題解決には十分活かされていないためである。いい換えると、地域や家族といった「人」に頼る課題解決が限界を迎えている今、情報技術という要素を取り入れることで、これまでになかった形での課題解決の可能性が拓ける可能性が高いということでもある。以下に、情報活用の具体例を示す。

情報活用のメリット─個人編

（1）情報端末の個人化によって、蓄積される情報が多様化・増加している

　移動通信端末の普及に伴って、それまで家族で共有していた連絡先（電話番号や住所）は、個人ごとに異なるようになった。以前は電話の取次ぎや手紙やはがきの受け取りによって、家族がどのような交友関係を持っているかを互いにある程度推察できたが、今は個人の情報端末ですべてがやりとりされており、たとえ一緒に住んでいたとしても、誰とどのような交友関係があるのかを互いが自然と知る機会は相当減っている。一方でその情報端末には連絡先や連絡の内容がほぼすべて集約・蓄積されている。

　例えば、家族の1人が急に事故で亡くなった場合、スマートフォンを参照できれば、その人が普段利用しているアプリケーションやSNSなどを利用して素早くそのことを本人の知人に広く知らせることができるだろうし、参照できなければほぼお手上げになってしまう。

　情報端末が個人化したことによって、1対1のコミュニケーションが取りやすくなった一方で、そのやりとりの情報（相手や内容）を周囲が知ることはかなり難しくなっている。

　身近な家族がこれまで互いに共有してきたのは、連絡先の情報だけではない。一緒に生活している人同士は、お互いの言動や行動（読んでいる本、聞いている音楽、買い物の様子、好きな食べ物等々）に触れることを通じて、相手の行動を左右している価値観の情報を交換している。特に家族代わりとしての身元保証人に期待されてい

るのは、心身機能の低下によって本人が十分に行えない意思決定や課題解決を支援したり代行したりすることである。なぜそれが家族に期待されてきたかというと、これまでの生活の中でその人の行動のベースにある価値観の情報を共有されており、本人の意思を推定できるとみなされているからである。

　情報を主体にして考えると、重要なのは本人の情報を蓄積していて伝達ができることである。「家族」は相続の問題であるとか、面倒をみるべきだという規範なども込みで重要視されるが、課題解決の支援・代行という側面だけ取り出すと、家族だけに頼る必然性は薄れてきている。なぜなら、今や個々人が好きなエンターテインメント作品を個別の端末で視聴し、電子書籍を読み、もっぱらSNSでコミュニケーションを取るようになっており、生活を共にしているからといって自然とその人の情報を有しているとはいえないからである。まして生活を共にしていない「家族」を探索して急に課題解決の支援・代行をさせることは難しい。身元保証人についても同様に、本人の情報を十分に有しているかいないかでできることは大きく異なるはずである。やや回りくどくなったが、本人の意思推定に資する情報さえ蓄積・伝達ができれば、家族でなくとも、身元保証人でなくとも課題解決の支援・代行ができるということだ。

　そして、個人が使用している情報端末には、そのような情報が自然と蓄積されており、それは人間が生活の中で見聞きしているものよりも精密なデータである。その活用についてはプライバシーに深く関わるものである以上、ある程度の制約が設けられてしかるべきだが、少なくとも、何も知らない親族を草の根分けても探し出すよりは有用な結果につながる可能性が高い。現在は情報端末と高齢期

の意思決定支援を結び付けるサービスはなく、エンディングノートの活用や横須賀市で行っているような情報登録伝達事業がある程度だが、今後期待される分野である。日本総合研究所も民間企業とのコンソーシアムでサービスの検討や実証実験を行っており、その詳細は3に記す。

（2）遠隔地にいる親族でも無理なく関与できる

ここまでは、情報技術を活用して本人の情報を蓄積・伝達できさえすれば、家族でなくとも本人の支援に携わることが可能だと書いてきた。一方で、情報技術を活用して家族の関与を促進することも可能である。

コロナ禍によって私たちの生活は大きく制限されることになった。一方で非対面でのコミュニケーションは大きく促進された。特に医療・介護はこれまで情報技術を活用したコミュニケーションには慎重な分野だったが、厚生労働省がオンライン診療のガイドラインを見直したり、病院や施設も面会ができない患者・入居者のためにオンライン面会やオンライン面談に踏み出しはじめたりしている。

筆者の例で恐縮だが、3年前に父親が緊急入院した際に病院から病状説明に同席を求められ、仕事を休み、家事のやりくりをして3時間かけ帰省した。その結果、行われたのは5分ほどの簡単な説明であり、父も母も理解できるようなもので、なぜ自分が呼ばれたのかという思いで東京にとんぼ返りした記憶がある。先日再び父が緊急入院し、同様に説明を聞く場面があったが、母がオンラインツールの利用を医師に提案したところ了承が得られた。説明が終わった後は、父の病室に母がそのままスマートフォンを持ち込んで様子を

見せてくれ、さらに退院調整室での説明にも「同行」して母の補助ができた。さらに、父の緊急入院の知らせがあってからしばらく母との連絡が途絶えた際にも、母が使用している活動量計のデータをスマートフォンと連携させて見ることによって、よく眠れていることやこれまでと同様の運動をしていることが把握できた。どちらのツールも日常的に利用しているもので、それを通じて行ったことも単に様子を見たり、短い話をするだけというなんでもないことである。かかった時間をすべて合わせても30分足らずだろう。ただ、これらのツールがなければ、1日がかりで帰省しなければならず、おそらく筆者はそれを行えなかっただろう。医師や退院調整室のMSW（医療ソーシャルワーカー）も、配偶者だけでなく子（筆者）にも状況の説明や意向の確認を迅速に行えてメリットが大きかったと考えられる。もちろん、実際に会って様々な支援を行うことの大切さは変わらないが、それが叶わなければ全く関与ができないのではなく、できる範囲で支援を行えることで、周囲が提供する支援の総量を増やすことができるのが、情報技術活用の大きな利点である。

情報活用のメリット―自治体編

（1）分野横断的に情報を活用し、問題の根本的解決を図ることができる

　家族や個人にとってだけでなく、自治体にとっても情報技術の活用には大きなメリットがある。総務省の「自治体デジタル・トランスフォーメーション（DX）推進計画」（2021年12月25日）でも、情報技術を活用して住民の利便性を向上させることと、業務効率化によって人的資源を行政サービスの向上につなげることを自治体に

求めているほか、「データが価値創造の源泉である」ことを強調している。つまり、手続きをデジタル化することによって既存の自治体の業務を改善するだけでなく、データの活用によって新たな価値を生み出すということである。

（2）高齢期の課題は分野横断的に発生しうる

この考え方が最も求められるのが、高齢期の支援といっても過言ではない。住民が健康で働いている間は、住民はさほど自治体との関わりを意識しないだろう。高齢期になり、年金を受給したり、介護保険を利用したり、その他の支援を必要とするようになった時、住民と自治体の関わりは分野を横断して一気に増える。

高齢期には、ある個人をめぐって複数の分野で課題が顕在化しがちである。ある人が入院するときに身元保証人がいなくて困っているという相談は高齢者支援関係の部署に入るだろうし、亡くなった後では管理する人のない空き家や残置物の処理に近隣住民が困っているという相談が住宅関係の部署に入るかもしれない。また、その前の段階で、家の片づけができずにゴミ屋敷になっているという相談が民生委員から福祉関連の部署に寄せられているかもしれない。

特に身寄りのない人の場合は、自分が困っているというサインが出しにくく、周りが把握する頃には問題が大きくなってしまっていることが多い。そうなればまずは目の前の問題（例えば緊急入院や手術の同意など）をどうにか解決することに支援者は奔走するしかなく、その他に当然起こってくる課題を予見して備える余裕はない。入院する時、亡くなった時、空き家が残った時、それぞれの時点において関わった人がなんとか親族を探したり、制度を利用して解決する、ということが繰り返される。

（3）支援が必要になる可能性の高い住民を分野横断的なデータの連携によって予測できる

　これを避けるためには、住民の変調を把握したり、変調があった場合に支援する人がないことを早めに把握しておき、住民個人単位で分野横断的に備えをしておくことが重要である。

　自治体は個人に関する複数のデータを有している。世帯、納税、年金、医療介護の利用、住宅などの情報を連携することにより、高齢期に課題を生じる可能性が高いプロフィールを持つ個人を特定することが可能だろう。

　あるいはいくつかの自治体で実証がなされているように、個人が自らの生活情報を自治体に提供するような関係性を構築して、早めに問題を把握することもありえる。個人がすでに何らかの困難を抱えていれば支援につなげることはもちろん、困難を抱える可能性の高い個人に対して働きかけ、必要な情報を登録するなどの備えを促せることが望ましい。

（4）「備え」の情報を住民に提供したり、住民が備えていることの情報の流通が自治体の強み

　「備え」が何を指すかについては、自治体が行っているサービス、社会福祉協議会が行っているサービス、企業が提供しているサービス、地域でボランティア的に行われているサービスなど様々であり、これらを整理して情報提供することも必要になる。

自治体が情報のつなぎ役になることで、持続可能な支援体制が構築できる

　人口減少・高齢化が進む中、自治体が「家族代わり」のように人

手をかけた支援を行うことは難しい。自治体には、有している情報や住民との信頼関係をベースに、課題を抱えるかもしれない個人を特定して備えを促すこと、必要な備えができるような手段につなぐこと、支援者が必要とする情報を提供すること、という形で、強みのある情報流通の部分にフォーカスし、その他は民間企業やその他の支援者と連携することによって、より多くの住民に持続可能な支援を提供することが期待される。

3 日本総合研究所の試み「subME」プロジェクト

意思決定ができなくなった時のデジタル代理人「subME」の発想

　広義の身元保証問題である高齢期の伴走支援において、本人の情報や意思の伝達が重要な機能であり、その機能を果たすために情報技術の活用可能性が高いことをここまで述べてきた。筆者はそれを一歩進め、自分の情報や意思をサイバー空間に蓄積し自分の代理人（subME）とするアイデアを提案した。いわば自分の身元保証人を自分で作るしくみといえる。そのアイデアの詳細や実証実験について紹介する。

　心身機能が低下していく高齢期に身近に頼れる人がいないと、身の回りの日常的な活動（家事や移動など）ができなくなった時に困るというのは誰もがイメージすることだろう。もっと重大な出来事として、入院や入所といった、それまでの人生であまり経験がなく、その人の生活や身体に関わる大きな意思決定を必要とする場面も高齢期には増えてくる。意思決定のモデルを簡単に示すと**図表 4-3** の

ようになる。

①課題認識・ニーズの顕在化：例えば食事の用意が最近できなく なってきた、などに気づき、課題を解決しようとする

②課題解決のための選択肢の検討・絞り込み：配食サービスを利 用する、ヘルパーを利用するなどの選択肢を並べる

③意向の明確化：どの選択肢を利用したいかの意向を、自分の嗜 好やその他の条件を考慮して明確にする

④選択肢の中から選択・決定：最終的にどの選択肢を採るか決定 する

⑤課題解決策の遂行：契約・購入の手続きをする

⑥評価する：解決策（例えば配食サービス）によって、課題解決 がうまく行えたかを評価し、必要があれば①に戻る

意思決定＝情報処理

意思決定のプロセスは情報処理の連続である。これまでとは違っ て何かがうまくいっておらず問題があると察知することも、その解

■図表4-3　意思決定のモデル

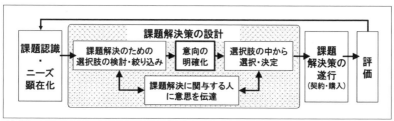

〈出典〉ハーバート．Ａ．サイモンのモデル(Simon, H., *Administrative Behavior: A Study of Decision-Making Processes in Administrative Organizations, 4th Ed.* The Free Press, 1997.) を基に筆者作成

決策を収集したり比較検討したりすることも、その中から選んだ手段を利用するための手続きをすることも、多くの情報処理を要する。

　高齢期は徐々に情報処理能力が低下していく中で、これまでしたことのないような意思決定や（例えばお墓や葬式をどうするか）重大な意思決定（例えば手術を受けるかどうか）に直面する。そのたびに関係する情報を自分の中に取り入れ、吟味し、結論を出さなければならない。お墓や葬式にどのようなものがあるのか、自分の病気や治療はどのようなものなのか、自分の選択によって結果がどう変わるのかなどを考えなければならないのは誰にとっても重荷であり、1人で背負うのは難しい。また、高齢期には心身機能の低下によって、この意思決定が1人では完結できなくなってくるのが現実である。

　筆者らが収集した事例からは、①から⑥のプロセスの中で本人が関与し続けられる部分は減少していくが、③の意向の明確化は最後まで本人が関与できる可能性が残っているということが見えてきた。

「自己決定」を支援するために、本人の意向に関する情報が必要とされる

　日常生活をどのように送りたいかはもちろん、医療や介護、その先にある葬儀や相続においては、「その人が自分の人生をどのように送り、終えたいのか」に関する自己決定が重視されている。自己決定権には、①その人の選んだ生き方（それに密に関連する行動）が干渉されないこと、②身体に対する権利や適正な手続的処遇（例えば、治療のために身体に侵襲を加えるときは、原則として本人に

説明した上で同意を得る必要がある）、③その人が自律的に生きる条件を積極的に確保すること、といった意味が含まれていて[2]、医療や介護、葬儀や相続で確保すべき自己決定の種類がどれかは異なる可能性がある。ただ、どこまでを実現するかはさておき、その人が何を希望しているのか（意向）がわかることは、支援する周囲の人にとっては多くの場合とても重要である。特に介護や葬儀は選択肢が多様なうえ「こうあるべき」という客観的な基準や正解はなく、その人にふさわしい選択肢を採るには、当人の意向が一番よい根拠となるからである。

その人の意向に関する情報の蓄積と伝達を、これからも家族・親族に頼るべきか

　先に述べたように高齢期は意思決定の難度が上がることが多く、一方で意思決定に必要な情報処理能力は低下していくことが多い。そのため、必要な意思決定が自分ではできなかったり、ある日は手術を受けると決めても、次の日には受けないというなど、一貫した意向が示せなくなったりする。その人にふさわしいことを考えるために、ガイドライン等[3]ではチームで検討を行うことが推奨されているが、同時に探索されるのはやはり本人の情報を把握している可

2)　中山茂樹「「自分らしい死」をめぐる法と倫理」法学セミナー 65(9)、26-32頁、2020年
3)　「身寄りがない人の入院及び医療に係る意思決定が困難な人への支援に関するガイドライン」（「医療現場における成年後見制度への理解及び病院が身元保証人に求める役割等の実態把握に関する研究」班、2019年5月）

能性がある「家族・親族」である。

　家族・親族が助けになれる場面は多く、特に相続には直接関係するため、探索すること自体を否定するわけではないが、本人の意向を推定するために家族や親族をどこまで頼るべきかは再考してもよいのではないだろうか。

　かつては、本人の意向を推定するための情報（本人の日ごろの言動や行動など）を蓄積し伝達できるのは主に身近な人間だった。しかし、情報技術が発達し日常生活に深く入り込んでいる現代では、むしろ情報端末を介してサイバー空間に蓄積される情報のほうが、よりその人の意向を推定するために有用なのではないだろうか。

自分の価値観情報をコアとしたデジタル代理人「subME」

　主に工業分野で近年注目されているのが「デジタルツイン」の考え方である。デジタルツインの活用方法は、リアルな空間にあるモノの状態についての情報を、センサー等を通じてサイバー空間に再現し（デジタルな双子を作る）、そこでシミュレーションや問題解決を行うというものである。有名な例ではゼネラル・エレクトリック社（GE社）が航空機エンジンのメンテナンスに活用している。GE社は航空機のエンジンやその使用環境に関するデータを、エンジンに取り付けたセンサーからリアルタイムに収集し、デジタルツインとして再現する。それに基づいてAIが状況を分析し、メンテナンスのタイミングを決めることができる。これによって、実物を点検してメンテナンスの必要性を検討するよりも低コストかつ効率的に安全性を確保できるのである。

　筆者が考案したのは、かつては家族が蓄積し伝達していたような、

価値観などの心理的な情報をサイバー空間に蓄積し、自分のコピー（subME）を作っておくしくみであり、デジタルツインにも類似した考え方といえる。ただその目的はAIによる考え方のシミュレーションではなく、特定の人に頼らずに自分の意向を推定する情報を蓄積・伝達することである。つまり、家族・親族に限らず、情報を見たすべての人が、その人にふさわしい判断を行えることが目的といえる（**図表4-4**）。

subMEは、本人が元気な間は問いかけによって生活を活性化しながら情報を蓄積していき、徐々に機能が低下してくれば助言を行い、意思決定能力が相当低下すれば本人に代わって支援者に意向に関する情報を提供する。特に、問いかけによって生活を活性化することは、情報の蓄積だけでなく、生活にハリを生み出し、長い高齢期を充実させる効果も期待できる。

高齢者を対象にした実証プロジェクト

日本総合研究所はCONNECTED SENIORSコンソーシアム（2019-2020）を組成し、このsubMEを作り、活用するサービスの検討を行った。

コンソーシアムでは複数回、実際に高齢者の協力を得て実証実験を行った。実証の内容は、高齢者にタブレットを配布し、毎日2回の「朝礼・夕礼」をチャットで行うことが中核となる。チャットの相手は「subME」であり、高齢者に毎日、様々な問いかけをしたり、特定の行動を勧奨する（**図表4-5**）。

■図表4-4　段階別のsubMEのはたらき

ユーザー像	蓄積フェーズ	活用フェーズⅠ	活用フェーズⅡ
	意思決定能力に特段問題がない。何を必要としていて、どうしたらいいかを決めることができる。または、相談して解決できる。	意思決定能力がやや低下しつつある。困りごとがあっても、どうしたらいいかしらと考えている間に忘れてしまう。	意思決定能力が相当低下し、代行してもらう必要がある。
subMEの機能	主）サイコグラフィックス等の蓄積 副）日常生活の活性化	主）日常生活に対する助言 副）サイコグラフィックス等の蓄積	主）代行者への情報提供と助言
subMEの役割	日々の話し相手・コンパニオン	ガイド・コーチ（助言）	本人のピンチヒッター
subMEの関与する領域	日常的な会話	日常的な意思決定場面 重要な意思決定場面（少ない）	日常的な意思決定場面 重要な意思決定場面（増える）
subMEとユーザー以外の他者との関係	本人のみと関係する	ユーザーとのやり取りおよび選択を支援者と共有し、支援者と連携してユーザーを支援する	意思決定代行に資するユーザーのサイコグラフィックスや、考えうる選択肢を、代行者と共有・協議する

〈作成〉日本総合研究所

■図表4-5　subMEからの問いかけの例、行動勧奨の例

➤ **その人の性格や行動を知るための問いかけ**

○○さんは、新しいアイデアをひらめいたりするタイプ？

➤ **その人の価値観を知るための問いかけと、人にアドバイスをする行動の勧奨**

こんな相談を受けたらあなたならどう答えるか、教えて。「人間は歳を取ったら、角が取れて丸くなるといいますが、私にはあてはまりません。テレビを見ていても、腹が立つことが多いのであまり見ないようにしていますが、病院の受付や店員の態度などでイライラしてしまうことがよくあります。」どうしたらよいでしょう。

➤ **健康状態を知るための問いかけ**

なんでもしっかり噛んで食べられている？噛みにくいものや飲み

込みづらいものはある？

➤ **その人の好きなことを知るための問いかけと、クリエイティブな活動の勧奨**

感染予防のために家で過ごす時間も長いね。今日は、家の中で楽しく過ごすための「巣ごもりアイデア」を募集するよ。じっくり取り組む家事や趣味など、家の中で楽しく過ごすアイデアを送ってね。

最も長期の実証は広島県で2020年12月〜2021年2月に行った[4]。株式会社広島銀行のサポートのもと、コロナ禍のさなかではあったが、27名の高齢者が参加し（60〜80代、平均74.5歳）2カ月間にわたって1日2回のチャットや推奨された行動（学習、投稿など）を行った。高齢者がタブレットを使いこなせないのではないか、チャットの問いかけは受け入れないのではないか、といった懸念をよそに、20名が最後まで参加した。チャットの問いかけへの返答率、推奨した行動の実行率は高く、応答が生活の一部となったようだった。

---

4)「高齢者向け対話、学習、共有＆相談サービスの受容性を実証〜行動意欲向上によるアクティブな生活促進と外部サービスとの連携を検証〜」（日本総合研究所、2021年2月1日）https://www.jri.co.jp/page.jsp?id=38180

実証プロジェクトに参加した高齢者の感想

　実証では、実施上の都合から、参加者がすでに持っている端末ではなく、新たな機材（タブレット）を貸与した。そのため相当のサポートが必要ではあった。

　参加者の感想のうち、ポジティブなものは、様々な行動のきっかけが提示されて楽しめたとか、毎日のやりとりを通じて生活のリズムができた、人に聞きにくいことも聞けそうだといったものがあった。ネガティブなものとしては、チャットの語調が失礼に感じられるとか、質問が同じ内容で飽きる、時間が縛られるといったものがあった。

　広島県での実証以外にも複数の実証を行ったが、日常生活の中では聞かれないような質問（チャットには「自分で物事を決めて意志を貫くこと、って○○さんの人生において大事なことかな？」など、価値観に関する質問が多数組み込まれていた）がされて新鮮だった、クリエイティブになれた、といった感想があった。

　価値観というのは、その人の行動を左右しているものである。通常はそれを言葉にする機会は少なく、周囲の人はその人の行動や言動に長い間触れることによって価値観の情報を共有される。「お母さんはこの贈り物をしたら喜びそう」などといった推定ができるのはそのためである。そういった自然な人と人との接点が減少していることを鑑みて、実証ではチャットによる問いかけへの返答で価値観を言語化したり、写真を送るなどして（一番好きな服、家で一番好きなところ、など）、その人の価値観を伝えるための情報を蓄積していった。参加者も、その過程を通じて自らの価値観を再認識す

る機会を得た。

専門職に対話のログ（情報記録）を検討してもらったところ、subMEからのチャットによる投げかけは単刀直入にできることが実際の対話とは異なっており、必要な情報を引き出しやすいのが強みであるという評価が得られた（subMEのしくみについては実証の結果概ね有効性が確認できたため、現在は技術的な実現可能性を検討しているところである）。

デジタルツールを活用したサービスの可能性と課題

コロナ禍で私たちの生活は大きく変化した。具体的には「ステイホーム」によって、行動範囲が狭まり、同居している人以外との直接的な接触頻度が大きく低下した。一方でデジタル技術による非接触・非対面のサービス利用（オンラインショッピングやエンターテインメントなどの「巣ごもり消費」）が盛んになっている[5]。また、ビジネス場面でオンライン会議システムが普及しただけでなく、家族や友人とのコミュニケーションでもオンラインツールの活用が進んでいる。

すでに60代のスマートフォン保有率は80％を超過しており[6]、60代以上を対象とした調査ではLINEの利用状況が60代で70％を超えているほか、75歳以上でも4割を超えていることが示されて

---

5)「コロナ禍を受けた消費者の行動や意識の変化と企業の取組み」（日本経済団体連合会、2021年9月）

6)「令和2年度情報通信メディアの利用時間と情報行動に関する調査報告書」（総務省情報通信政策研究所、2021年8月）

7)「シニアはどうLINEを利用しているのか？ペンシル、シニア世代のLINE利用動向とLINE公式アカウントに関する意識調査を実施」（株式会社ペンシル、2021年4月）

いる[7]。コロナ禍がなくとも、例えば運転免許を返納したとか、自転車に乗らなくなったといった移動手段の変化や、病気や加齢による体力低下などから、高齢者の行動範囲は狭くなりがちだった。一番身近で（センサー機器の場合文字通り身体に装着できる）外界との接点となり続けることができるデジタルツールを有効に活用すれば、若いころと同じ行動ができなくなってからも人生を充実させることができる。コロナ禍は若年層にも疑似的な高齢者の生活を体験させているともいえ、例えばオンラインでの英語学習が人気となっているなどのサービス利用の変化は、高齢者の生活にも親和性が高いと考えられる。

　人生にプラス $α$ を与えるサービスだけでなく、安全の確保という側面では、センサーや IoT 機器を活用した見守りサービスが多数登場しており[8]、家族であっても自由に行き来できない状況の中で利用が進むと考えられる。

　こういったサービスが普及していくためにはいくつかの課題が指摘されている。1つは、高齢者が自ら情報機器を使いこなすことが難しいのではないかという点で、長年の課題となってきているものであるが、スマートフォン保有率は上昇しており、情報機器を使いやすくする企業の努力もあり、おそらくこれから改善していくだろう。高齢者を対象とした実証でも実感したが、デジタル機器をただ普及させようとしても受け入れられないが、それを使ってやりたい

8）郭日恒「一人暮らし高齢者の見守り強化に向けて − 取り組み事例と展望 − 」パブリックマネジメントレビュー、Vol.205、2020年8月

ことが設定されれば、努力をしてマスターする人が多かった。また、音声入力やロボットの活用によって、ユーザー側の負担を減らす手法も取られている。より重要な課題としては、プライバシーや個人情報保護に対するユーザーの懸念をどうクリアするかということである。これについては、個人情報の流出が起こらないような管理はもちろんだが、形骸化した同意ではなく、個人に対してどのようなメリットがあるかの説明がきちんと行われることが必要だろう。

　また、実は一番難しい問題として「誰がお金を払うのか、高齢者は払わないだろう」というのも、ビジネス場面ではよく交わされる議論である。これは筆者の私見だが、高齢者は確かに厳しい消費者である。なぜなら、今の高齢者はこれまでに前例のない長寿化した時代を生きており、先の見えない不安を常に抱えているからである。目先の楽しみにお金を投じるにも慎重な態度を取らざるを得ないのが当然といえよう。逆に、その「先の見えない不安」を解消できるような商品・サービスが登場すれば、当然費用を払うことが期待できる。コロナ禍によって、私たちは自分たちの平穏な生活が、重篤な疾患や死と隣り合わせだということを実感させられた。いざという時にどのように人の助けを借りるか、あるいは一人で乗り切るかを検討した人が多いようである。漠然とした「いざという時」ではなく、急病になったらどのように助けを求めるか、入院したら着替えはどうするのか、もし死んでしまったらどうするのかということについて、誰もが具体的に考える必要性を感じている今は、後ろ向きなテーマ、取り上げにくいテーマとして敬遠されてきたことを前向きに解決していくチャンスともいえるのではないだろうか。

第5章 提言：自治体ができること

　ここまで、様々な角度から身元保証問題について述べてきた。最終章となる本章では、情報をまとめつつ「では自治体は何をしたらよいのか」について、課題を整理しながら提案する。

1 まとめ　身元保証問題は個・孤のライフ・エンディング問題である

身元保証人がいないことがはっきりと問題になるのは入院・入所・入居の時

　序章で紹介した通り、高齢期に「身元保証人がいなくて困る」という問題が顕在化するのは、高齢者が何らかの理由で現在の自宅以外の場所に移る時、つまり医療機関への入院、介護施設等への入所、転居の時である。

　住み慣れた家で、少し心身の衰えを自覚しつつも、それなりに折り合って自立した生活を続けている限り、特に大きな困りごとはないと感じているのが高齢者の一般的な心情だろう。

　それが、何かのきっかけ（けがや病気、または住宅の老朽化等で転居を余儀なくされるなど）によって、「家」という自分の世界から離れた途端に、「弱っている人、これから弱っていく人」として扱われ、身元保証人を求められてしまうのである。

　身元保証人が何を保証する人かについては明確な定義がなく、時

には連帯保証人、身元引受人という表記がなされていることもある。近しい親族であれば、手続きの際に「ご家族の方のお名前もここにお願いします」といわれるまま書類に署名し、それが何を意味しているかについて意識することもないかもしれない。身元保証人を求める側も、既定の書類にその欄があるから誰かの名前がないと困るというレベルであり、何のために身元保証人が必要なのかまで深く考えていない場合も多くある。一方で、何もいわずに名前を書いてくれるような人がいない場合は、何の保証をするかも定まっていない（いい換えればすべてを保証することになりかねない）身元保証人を誰かに依頼することは至難の業となる。

高齢者のニーズは身元保証人ではなく家族代わり

　身元保証等高齢者サポート事業と、高齢者のニーズを図示したものが図表5-1である。身元保証等高齢者サポート事業は、身寄りのない高齢者と、その高齢者に対してサービスを提供する事業者のニーズを受けて徐々にサービスが形づくられたものである（第1章1参照）。高齢者がこの事業の利用を考えるのは、大きく①入院・入所・入居で身元保証人を求められたが頼める人がいない、②身寄りがないので死後の手続きをする人がいない、ということがきっかけである。この2つは違うことのように見えるが、その根本は同じで、身近に手助けする人がおらず不安を抱えており、実際に不便が生じる可能性も高いということである。その不便というのが、①身元保証人と②死後の手続きであり、ついで日常生活があるため、現在の身元保証等高齢者サポート事業のサービス内容となっているのである。身元保証人としてサインをしてくれるだけでは、保証人を

■図表5-1　身元保証等高齢者サポート事業と、高齢者のニーズの
　　　　　関係

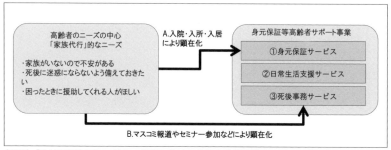

〈出典〉「地域包括ケアシステムの構築に向けた公的介護保険外サービスの質の向上を図るため
　　　の支援のあり方に関する調査研究事業」（日本総合研究所、2017年）

求める側のニーズも、高齢者のニーズも満たすことはできない。両
者とも家族代わりとして、死後まで高齢者に伴走する存在を求めて
いるのである。

「身元保証人がおらず入院・入所できない」は問題の氷山の一角

　日本ライフ協会の破たんをきっかけに、医療機関や介護施設に対
する実態調査が行われ、厚生労働省からは「身元保証人がいないこ
とをもって入院や入所を断ってはならない」旨の通知が発出された。
また、保証人がいない場合の意思決定のガイドラインの作成によっ
て医療現場への指針を示している[1]。住まいに関しては、住宅セー
フティネット制度によって、住宅確保要配慮者に対する居住支援が
行われており、国土交通省は標準条例（案）を改正し、公営住宅の

---

1)「身寄りがない人の入院及び医療に係る意思決定が困難な人への支援に関するガイドラインの
　発出について（通知）」（令和元年6月3日医政総発0603第1号）

入居条件から保証人に関する規定を削除する旨の通知を出した[2]。

　ただし保証人を求めること自体が禁止されているわけではなく、入院・入所の順番が先送りになるなどの形で実際にサービスの利用が難しくなることは変わっていない。

　身元保証人がいないために、入院・入所・入居ができないことは確かに重大な問題ではある。しかし、より深刻な問題はそもそも、周りに身元保証人を頼めるような人（身寄り）がいないということである。今後そのような人が増えることが予測されている今、自治体は何をすべきなのだろうか。

2　ステップ1　身元保証問題の全体をとらえてみる

ばらばらに生じているように見える問題の根っこは同じかもしれない

　身元保証人がいなくて困るというのは、「（頼れる）身寄りがいない高齢者」と直接的に関係しており、原因と問題の関係が比較的わかりやすいあらわれ方である。だが、身寄りがいない高齢者が直面する問題は身元保証人の確保だけではない。それが本書において定義した「個・孤のライフ・エンディング問題」（高齢期の問題解決に伴走する人がいない）である。

　自治体では、身近に頼る人のない高齢者に生じる困難に対し、高齢に関する問題、福祉に関する問題、環境に関する問題、消費生活

---

2)「公営住宅への入居に際しての取扱いについて」（平成30年3月30日国住備第503号）、「「公営住宅管理標準条例（案）について」の改正について」（平成30年3月30日国住備第505号）

に関する問題、遺体に関する問題といったように、所管が異なる分野でそれぞれに対応している可能性がある。これを同じ人の課題としてとらえるしくみや機会がなければ、各問題は「空き家の処分」「無縁仏の弔い」という別の事柄ととらえられてしまうかもしれず、それぞれの担当部署が同じ人の相続人を探す非効率が生じる可能性もある。

　高齢者が増えること、単身世帯が増えることはすでに多くの自治体で認識されているが、そこから具体的にどのような問題が生じるかがわかっておらず、組織としての対策が進まないことがある。

　個別の問題にみえていたことを、ある人に身近な支援者がなく生と死にまつわる諸々の問題解決ができないことから生じているととらえなおすことができれば、個別の問題だけでなく「この人に、他に何が起きうるか」という予測も可能になる。その予測を基にどのような解決策が必要なのか、誰が関わることが必要なのかを考えることができる。

　まずは身元保証という言葉にとらわれすぎることなく、今目の前で起きている様々な問題について「身近な支援者がいないこと」と関係していないかどうか一度考えてみる、あるいは身元保証の問題が持ち込まれたときに、それ以外にも困っていることがないかを幅広に聞いてみる、といったことを通じ、今起きている高齢期の課題を大きな枠組みでとらえることが第一歩となる。

■図表5-2　私たちの生活を構成している活動

| | | 生活を構成する行為 | | |
		日常的管理（使う）	メンテナンス（なおす）	終了（しまう）
本人を構成するもの	心身	食事・睡眠・排せつ・整容・買い物・服薬	受診・入院・治療	葬儀・火葬・納骨
	住まい・環境	掃除・洗濯	修理・リフォーム	転居・売却・相続
	金銭	預貯金の引き出し・支払	投資・預貯金・借入	相続・贈与・寄付

〈作成〉日本総合研究所

死亡届の提出で人生が終わるわけではなく、医療と介護だけあればいいというわけでもない

　人生100年といわれるように、今老後の期間はとても長くなっており、生命表を見ると70歳時点での余命は男性で約16年、女性で約20年である[3]。その期間に起こることは入院や入所や転居だけではない。

　個人つまり「私」は心身だけで構成されているわけではない。高齢期にはどうしても心身のこと、つまり医療や介護に関することがクローズアップされがちだが、生活には住まいや環境や金銭が一体となっているし、家族やペットの世話をする役割を担っていたり、時には何らかの事業の中で大きな役割を担っていることもある（図表5-2）。

　特に死後については火葬・埋葬がなされるだけでなく、その財産

3）「令和2年簡易生命表」（厚生労働省）

や社会的な役割が再分配されて初めてその人が亡くなったといえる[4]。肉体的な死と死亡届の提出をもって関与を終えるのではなく、その後のプロセスまで視野に入れたフレームワークに基づいて、支援を設計していくことが重要である。

私たちの生活を構成しているもの―領域と代替手段

　私たちの生活は図表5-2に示す通り、すべての領域について、日常的管理、メンテナンス、終了処理を行うことが求められる。行えないもの、行えなくなったものについては、代替手段をとらねばならない。例えば心身の日常的な管理は、食事、睡眠、排せつ、整容、買い物、服薬といったことで成り立っている。これらを自ら行うことが難しくなれば、介護保険サービスをはじめとする何らかの生活サービスを利用して代替することになる。心身のメンテナンス（治療）は自ら行えないので、主に医療サービスを利用することになる。心身（生命）が終わった時のプロセスとしては、葬儀や埋葬や納骨がある。これは自ら行えないので、死後事務委任契約等によって誰かに実行してもらう必要がある。それ以外のジャンルについても、現段階の代替手段は図表5-3のように整理できる。

　確かに代替手段はあるものの、現時点ではモザイク的になっており、個人がアレンジするとしたら相当の負担であることが見て取れる。特に、公的な制度は生前に集中しており、死後の手続きについ

4）山田慎也『現代日本の死と葬儀―葬祭業の展開と死生観の変容』（東京大学出版会、2007年）

■図表5-3　私たちの生活を構成する活動ができなくなったときの
　　　　　代替手段

		行なわなければならないこと	初期	死
心身	日常	食事・睡眠・排せつ・整容・買い物・服薬	▲▲▲▲　▲▲▲① ▲ ▲	
	管理	受診・入院・治療	② ／ ③	
住まい・環境	日常	掃除・洗濯	▲▲▲ ▲ ▲① ▲ ▲	⑥
	管理	修理・リフォーム	▲　　①	
金銭	日常	預貯金の引き出し・支払	▲ ④ ▲ ④ ／ ⑤	
	管理	投資・預貯金・借入	▲　　▲　⑦	⑧

①	公的保険（介護）
②	公的保険（医療）
③	リビングウイル・ACPの活用が行われている領域
④	後見（法定後見・任意後見）
⑤	金銭管理委任契約財産管理委任契約
⑥	死後事務委任契約※葬儀の生前契約
⑦	金融ジェロントロジーとして研究が行われている領域
⑧	遺言

▲：自分でできる　▲：自分ではできない
〈作成〉日本総合研究所

ては、葬儀の生前契約や死後事務委任契約や遺言といった手段を自ら組み合わせなければならない。

私たちの生活を構成しているもの―問題解決の繰り返し

　上で述べた通り、私たちの生活は複数の領域と活動で構成されている。自分でできなくなれば代替手段を利用して、各領域での活動を続けたり、終了の処理をすることになる。

　各領域の活動を続けたり終了の処理をすることは、問題解決のプロセスである。日々の例では、お腹が空いたという問題が生じれば、ご飯を食べるという方法で解決している（その中で料理の材料が足りないという問題が生じれば、買い物に行くという方法で解決する）。

　問題解決のプロセスとその中で生じうる障壁は**図表5-4**のように表せる。まず、何らかの課題を認識することが必要であり、その

■図表5-4 問題解決のプロセスとその障壁

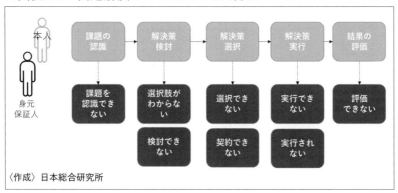

〈作成〉日本総合研究所

後は解決策を検討・選択し、望む解決ができたかどうかを評価する。望む解決ではなかった場合は、初めに戻って問題解決をやり直すことになる。

　このプロセスのどこかでつまずくと問題解決ができない。繰り返し述べてきている通り、頼れる身寄りのない高齢者は、この問題解決プロセスに困難を生じがちである（個・孤のライフ・エンディング問題）。

（1）課題の認識に困難が生じる場合

　例えば子世代と近居・同居しており、関係が良好であれば、「最近食事を用意するのが大変だ」ということを子どもに伝える機会があったり、子どもの方が気づく機会があるだろう。こういった「身近な人」がいない場合、自分では課題に気づけないことも多く、問題解決の入り口にすら立てないことがありえる。

（2）解決策の検討・選択

　介護保険制度に象徴されるように、社会福祉基礎構造改革が重視したのは自己決定であり、行政がサービス内容を決定する「措置」

ではなく、一人ひとりが主体的に判断し、必要なサービスを選択し「契約」して利用することが今の制度の前提である。ただ、実際にこれを行うことは簡単ではない。食事の用意ひとつにしても、家でヘルパーに調理援助をしてもらう、配食サービスを利用する、コンビニエンスストアで購入するなど、代替手段は複数ある。介護保険サービスであればケアマネジャーの支援が期待できるが、実際に代替手段をとらなければならないジャンルは介護保険サービスだけではカバーできない。すべての領域について、自ら解決策を検討・選択するのは非常に負荷が高い。

（3）解決策の実行・評価

契約した後は支払をし、不満があったり必要がなくなれば見直していくことも必要である。これもまた、自ら行うのは難しくなることがある。高齢者に連帯保証人が求められる場合、金銭的に余裕がなくて支払えないことを懸念されているだけでなく、支払の手続きが自分でできないことが懸念されているのである。実際、身寄りのない人が亡くなった場合、亡くなる直前の医療費や施設入居費が未済になってしまうことは珍しくない。

高齢期は問題解決のプロセスの各所でつまずきが生じるため、ゴミの分類ができなくなって捨てられないとか、調理が難しくなり十分な栄養を取れないなどの問題が解決できなくなってしまう。結果的に外までゴミが溢れたり、栄養失調で倒れて搬送されるほどの状態なって初めて、その人がゴミ捨てや調理ができない状態であることが周囲にわかり、第1章3で紹介したように自治体などが介入する事態となる。

■図表5-5　既存のサービスが行っていること

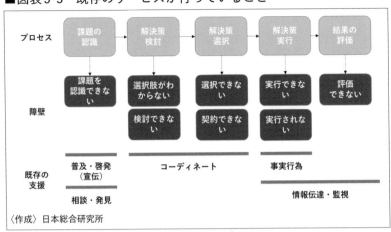

〈作成〉日本総合研究所

　課題に気づき、解決策を選択し、契約し、利用することを複数の
ジャンルで行う時、身近に誰もこれを助けてくれる人がいなければ、
とても行いきることはできないだろう。親族にこの役割が期待でき
ない場合に、問題解決のプロセスを適宜補完・代理することを期待
されるのがいわゆる「身元保証人」なのである。

　既存のサービスは問題解決のプロセスの全部または一部を担って
いるが、その機能を整理すると図表5-5のようになる。

　まずは、普及・啓発（企業の場合は宣伝）によって課題の認識を
促し、次に選択肢を束ねたりランク付けするなど、解決策をコーディ
ネートしている。解決策が選択されたら、それを自ら実行する（事
実行為）か、情報を伝達したり監視することで解決策が実行される
ようにしている。

既存の自治体・社会福祉協議会のサービスが担っている領域・問題解決のプロセス

　身元保証人がいわば「ワイルドカード（万能）」であるのに対し、既存のサービスは担っている領域やプロセスが限定されているのが通常である。

　改めて、第2章3、第3章3で紹介した神奈川県横須賀市、千葉県千葉市、福岡県福岡市社会福祉協議会のサービスを見てみよう。

（1）横須賀市エンディングプラン・サポート事業

　横須賀市のエンディングプラン・サポート事業は、対象を低所得者、領域は主に心身（特に死亡前後）に絞り込んでいる。

　問題解決のプロセスにあてはめると、【課題認識】では相談を受け、【解決策の検討・選択】では10の葬祭事業者をまとめて提示し、契約の支援までを行っている。その上で【解決策実行】は、医療機関に対してリビングウイルや葬祭事業者との契約有無といった情報を伝達することによって、本人が選択していた解決策が実行されるようにしている。あわせて、納骨への立ち合いを行っている。解決策の実行にあたっては、葬儀事業者との分担を行っている。

（2）横須賀市終活情報登録伝達事業

　横須賀市の終活情報登録伝達事業は、対象を限っておらず、すべての市民が利用できる。領域は主に心身（特に死亡前後）に絞り込んでいる。

　問題解決のプロセスにあてはめると、【課題認識】では出前講座等によって市民への普及啓発を行い、【解決策の検討・選択】では終活情報として登録すべきことのひな形を示している。その上で【解

決策実行】は、医療機関、消防署、警察署、福祉事務所、及び本人が希望した場合に、本人が指定した者からの照会に対して情報を開示する。特にエンディングノートやリビングウイルといった機微な情報については「置き場所」を登録するに留めており、遺言書は保管場所に加えて開示対象者を登録している。この事業はそのような情報伝達によって本人の用意していた問題解決策が実行されるための橋渡しを行っているといえる。

（3）千葉市終活提携協定

　千葉市の終活提携協定に基づくエンディングサポートは、対象や領域は絞っていない。【課題認識】は地域包括支援センターを中心として相談を受け、【解決策の検討・選択】では相談者のニーズとイオンライフが提供する選択肢のマッチングを行ったり、イオンライフの相談窓口への取次ぎを行っている。

（4）福岡市ずーっとあんしん安らか事業

　福岡市社会福祉協議会のずーっとあんしん安らか事業は、対象を契約能力があり、生活保護を受給しておらず、子どもがいない人（原則）に限定し、領域は主に死亡前後の心身と住まいと金銭に絞ってプロセス全体を支援している。【課題認識】では相談を受け、【解決策の検討・選択】では死後事務委任契約の標準的な項目によって何を決めるべきかを絞り込んでいる。【解決策実行】は、死後事務委任契約に基づいて事実行為を多数実施している。

3 ステップ2　自治体として何をすべきか決める

　2で、身近に頼れる人がいない場合に支援が必要になる領域と代替手段と問題解決プロセスについて紹介し、既存のサービスをあてはめてみた。そこからは、今後取組を始める際に考慮しておくべき点が見えてくる。

I　対象と支援範囲のバランス（トレードオフ）

　既存の取組の対象、取り扱っている領域、担っている問題解決のプロセスを見ていくと、何らかの限定がなされていることがわかる。支援に割けるリソース（人手、資金、時間等）に限りがある以上当然のことではあるが、改めてここで強調しておく。

　2で整理した例に即すと、横須賀市のエンディングプラン・サポート事業は、何もしなければ引取り手のない遺骨として墓地埋葬法の適用になるような対象（低所得で独居の高齢者）をターゲットとし、領域も心身を対象としている。市の職員が事実行為を行うのは火葬・納骨の立ち合いであり、実際の解決策実行は葬儀事業者が担う。市は主に解決策の検討や解決策の選択をコーディネートする（複数の葬儀事業者を束ねて提示し、利用者のニーズを聞き取って契約を支援する）ことと、リビングウイルや葬儀社との生前契約についての情報を医療機関の照会に応じて伝達することに重きをおいているのが特徴である。

　また、同市の終活情報登録伝達事業は、対象を限定していないが、事実行為は行わない。市は本人が意思を表明できなくなっても、生前と死後にその人の意思が実現できるようにするために必要なデー

タセットを利用者に提示し、必要な時に必要な相手に伝達をしている。どちらのサービスも、死後の取り扱いに関する本人の意思を実現できるような準備を整え、実際にそれが実行されるために必要な相手に伝わるようにしておく点が共通しており、事実行為はエンディングプラン・サポート事業の生前の安否確認（孤立死防止）や火葬・納骨の立ち合いに絞り込まれている。

　千葉市のエンディングサポート事業は、市民の課題の認識を促進し、相談を受け、必要に応じて、終活関連のサービスを取りまとめている民間事業者に紹介している。入り口では対象者や領域を限定せず相談を受け、契約能力や民間事業者のサービスを利用できる資力がある場合に民間事業者という選択肢を示し、その先のコーディネートは民間事業者が担う形である。市が注力しているのは、市民への普及啓発と、利用可能な手段を提供する窓口への振り分けという意味で、問題解決プロセスの最初の段階にフォーカスしているととらえられる。

　福岡市社会福祉協議会の「ずーっとあんしん安らか事業」は、契約能力があり、ある程度の資力がある人（生活保護の対象ではない）で、原則子どもがいない人に対象を限定している。また、領域は死亡前後の心身、住まい、金銭と広めだが、死後事務委任契約の標準的な項目によって何を決めるべきかを絞り込んでいる。また、その契約に基づいて事実行為を多数実施していることが特徴である。

Ⅱ　コーディネート機能の重要性

　上に挙げたすべてのサービスにおいて、注力されているのは解決策の検討・選択の部分を支えるコーディネート機能である。「終活」

の重要性は社会的に認知されつつあるが、それが含む範囲や手段は非常に多様である。多くの人が、自分が弱っていくこと、亡くなることについて備える必要性を感じる一方で、実際にはその手立てを講じないでいることの要因の1つには、多様な手段を自ら検討し選択することの難しさがある。つまり、問題解決のプロセスからみると、課題の認識はしているものの、解決策の検討から先に進むことができないでいるという状態である。

　既存のサービスはそのギャップに着目し、「この領域を解決できる」「この選択肢がある」「この情報を登録すればよい」「この内容を決めればよい（契約）」といった形で、利用者の解決策検討や選択の負荷を軽減し、プロセスが先に進むように支援しているのが共通点である。

Ⅲ　コーディネート後のフォロー

　Ⅱで書いた通り、課題を認識しても手立てを打てないという壁については、コーディネート機能の提供によって乗り越えることが可能になる。コーディネート機能によって、解決策を選択して契約等を行ったとして、その先にあるのが「その解決策が実行に移されるか」という壁である。実行に移されない要因はいくつかあるが、特に「死」をきっかけに実行される死後の手続については、死亡したことがわかることと、死後について本人が行っていた何らかの契約や意思表示が必要な時に必要な人に伝わることが条件となる。例えば、葬儀の生前契約をしていても、死亡した時にその情報が葬儀社に伝わらなければ、引取り手のない遺骨となってしまったり、本人の希望とは異なる方法で葬儀が行われることがありえる。エン

ディングノートに自分の希望を詳細に書いていたとしても、発見されなければその希望が実行に移されることはない。横須賀市の2つのサービスは、亡くなった人についての問い合わせが入る市役所という立場の強みを活かし、本人の死亡前の希望や契約の情報を必要な人に伝えることに重点を置いたサービスととらえることができる。

　最も確実にフォローができるのは、事前にコーディネートしていた内容を実行する主体になることである。福岡市社会福祉協議会のサービスは、事実行為までを確実に行えるよう、標準的な内容を網羅した死後事務委任契約を準備することでこの壁をクリアしている。

Ⅳ　地域特性を考慮する

　Ⅰ～Ⅲで見た通り、何らかのサービスを提供する際には、対象、領域、支援範囲を絞り込んで定型化する必要がある。その際には、地域において特に課題が大きい（対象となる人が多い、少数だが他のプレイヤーでは解決できず困難度が高いなど）と考えられる部分に焦点をあてて検討することになる。規模が比較的小さく、自治体の部署同士、専門職などのネットワークが形成されやすい場合は、定型化したサービスを行うよりも、そのネットワークの中で柔軟に解決が図れるための体制づくり（問題を早く発見できるようなしくみや、情報共有のためのガイドラインを作るなど）の方が効率がよいこともありえる。いわゆる「顔の見える関係」を強固にしていくということである。大規模な自治体においては、そういったネットワークの中で受け止めて解決することに限界があり、何らかの定型

的なサービスを提供するメリットがあると考えられる。人口規模や高齢化率が今後どのように推移していくか、地域にどのようなリソースがあるか（フォーマルなものもインフォーマルなものも含む）、関係者のネットワークはどのような状態なのか、地理的な条件は、などを考慮し、各地域においてターゲットを定めていくべきだろう。

V　短期的な取組と長期的な取組─変わることを前提に

　何らかのサービスを新たに提供する場合、コストや効果を見込んでしくみを設計することになるが、先進的な試みを行っている自治体や社会福祉協議会も、最初から現在の形を決めていたわけではない。何らかのサービスを始めれば、それでカバーできない対象や領域が見えてきたり、提供する際に負担が大きすぎて支障が出ることがわかってきたりする。また、利用者の状況も長期にわたって変動する。サービスの提供開始時に狙いをきちんと定めておくことは重要だが、開始してから何か想定と違うことが起こった場合に、失敗ととらえてやめてしまったり、無理に続けたりする必要はない。身寄りのない高齢期の老後をどう支援すべきかについて、確かな解を持っている人は現段階ではいないという前提でサービスを開始し、必要に応じて柔軟に見直していくほうがよい。

　近年、システムの開発においては、「アジャイル」という方法が取られるようになっている。すべての設計や仕様を最初に確定してから開発を行う「ウォーターフォール」モデルに対し、アジャイル開発は、サービスが最も価値を発揮するためには最低限何が必要なのかを定義し、最小単位でサービスを開始して、短いスパンで見直

していく。サービスを行う際に、業務として何が必要なのか、どのように行うことが最良なのかがわからない場合に、まずはやってみて改良し発展させていくような考え方である。その分、目指しているものを見失わないよう、「誰に対してどのような価値を提供するサービスをするか」については、関係者の間で合意をしておく必要がある。これはシステム開発に限らず、自治体のサービスにおいても応用可能な考え方ではないだろうか。

Ⅵ　ネットワークの形成

　身寄り問題、終活問題は、先述のように領域が複数にわたっており、スパンも生前から死後にかけての長期のものである。経済産業省が「ライフエンディングステージ」として整理した図（図5-6、157頁）でも、多くのプレイヤーが関係することが示されている。

　筆者はこれまで多くのプレイヤーに意見を聴く機会を得た。それぞれのプレイヤーは懸命に支援やサービスを提供している。時には職務範囲を超えたり、採算の取れないような関わりをせざるを得ないようなことも多くある。

　現在は、「これまで家族が無償で行っていた色々な事」が十分明らかでないまま、問題が起こる都度、周囲のプレイヤーがそれを解決せざるを得ないような状況である。それを支援するネットワークの重要性はよく指摘されているが、いくつか課題が存在している。

　まず、「これまで家族が無償で行っていた色々な事」が多岐にわたっており、定義がなされていないため、プレイヤー同士が共通言語を持ちにくく、同じ課題を解決しているという意識を持つ機会がないということである。入院時の身元保証人、亡くなった後の遺体

の扱い、相続、空き家といった個別のことをそれぞれが支援してい
るような状態である。これについて、1つの問題としてとらえられ
るような呼称やフレームワークが必要とされていると考えたため、
本書では「個・孤のライフ・エンディング問題」として定義をした。

　また、どのような人が支援の対象になるかについても、見解の相
違が起こりがちである。例えば民間事業者であれば、ある程度の資
力のある人や契約能力のある人にサービスを提供することが多い。
自治体やNPO法人等は、困窮者や障がい者など何らかの困難を抱え
た人にサービスを提供することが多い。身元保証問題は、資力に関
係なく生じるが、利用可能な解決策が資力や契約能力によって異なっ
ている。特に公的な解決策は、資力がなかったり契約能力がない人
を対象としている。ただ、利用者が困っていること自体は、資力があっ
てもなくても変わりがない。これまで困窮者や障がい者を支援して
きたプレイヤーは「お金がある人は自由に選べるのだから支援の必
要はない」というスタンスを取り、そのような人たちを顧客とする民
間事業者に対しても否定的な考えを持っていることがある。

　ネットワークを形成していく上では、身元保証問題は、私的な領
域を支えてきた家族や地域の希薄化という、資力の多寡に関わらな
い社会的な問題なのだという理解に立ち、批判し合うのではなく、
違いを認識しながら補完し合うためのネットワークを組んでいくこ
とが望ましい。

VII　情報への注目

　家族が頼れないからその代わりになりうる人を探して連れてこよ
うというのは、ある個別のケースにとっては有効なことがあるかも

しれないが、家族が小規模化し、地域の関わりが希薄化している社会背景を踏まえると持続可能な方法とはいえない。個別のケースは目の前にある方法で解決をしていきながらも、しくみとして考える際には、単なる家族代わりの「人」を探すのではない発想が求められる。その時に、本書で繰り返し述べてきた通り、情報は1つの大きな手掛かりである。

　問題解決プロセスにおいては、課題の発見は最初のステップである。情報という側面でとらえると、状態の変化を察知することで課題が発見できるといういい方になる。歩数が急に減れば身体的な変化の兆しであるし、銀行の預金残高が全く減っていないことは何らかの支払ができていない可能性を示している。電気・ガス・水道の利用が全くなかったり、多すぎたりというのも、何らかの問題が発生していることを示している。こういった情報の把握により、早い段階での支援開始が可能になる。

　また、解決策の検討段階では、本人の意思や経済的な状況の情報があると、選択肢の絞り込みが容易になる。特に終末期医療においては、本人が意思を表明できないことも多い。本人の意思に関する情報を ACP（Advance Care Planning、人生会議）のように事前に共有したり、家族への聞き取りで探索する活動が行われる。

　解決策の実行段階では、特に解決策の選択から実行にタイムラグがある場合（葬儀の生前契約など）、解決策の選択が実行者に伝わっていない場合（終末期医療の意向がエンディングノートに書いてあるだけなど）には、情報が伝達されるしくみが必要となる。実行のトリガーとなる情報（死亡した、判断能力が低下した等）、実行に必要な情報（本人の意思）が実行者に伝わるように設計しなければ

ならない。

　自治体は他の主体に比べて、業務の中で住民の情報を広汎に有している。また、住民が情報を預けるにあたって最も信頼される主体である。その強みを活かすことを常に念頭に置くことが、新たなサービスを考える上で重要だろう。

　自治体は身元保証人や無縁仏や空き家問題など、様々なきっかけで身元保証問題にふれる。誰のどのような問題に、どこまで関与することが効果的なのかについては、地域の事情によっても異なるし、目指したい姿によっても異なる。雲をつかむような話と思われるかもしれないが、上記のI～Ⅶは、先行して取組をしている事例から得られた示唆であり、これから取組を始める際の検討の手がかりになるのではないだろうか。

ステップ3　自治体以外のプレイヤーとの連携をさぐる

身元保証問題に関係するプレイヤー

　経済産業省が2011年にまとめた報告書では、**図表5-6**のように「ライフエンディングステージ」に関わるプレイヤーが列挙されている。主に心身の領域に関与する医療・介護関係者、金銭・財産の領域に関与する専門職や事業者、死後を担う宗教関係者や葬送関係の事業者、自治体という整理である。

　また、神奈川県横須賀市の終活関連サービスを主導してきた北見氏の整理では、**図表5-7**のように「周没期」支援に関与する人の

■図表5-6 経済産業者が示したライフエンディングステージに関わるプレイヤー

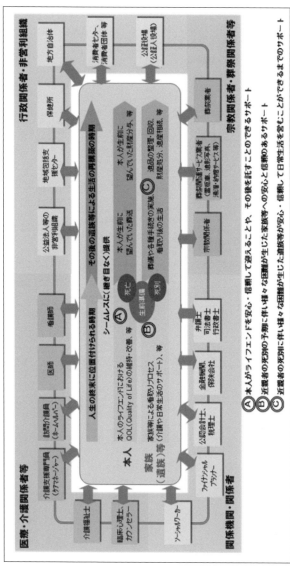

Ⓐ 本人がライフエンド を安心・信頼して迎えることと、その後を託することのできるサポート
Ⓑ 近親者の死別の予期に伴い様々な困難が生じた家族等への安心への安心・信頼できるサポート
Ⓒ 近親者の死別に伴い様々な困難が生じた遺族等が安心・信頼して日常生活を営むことができるまでのサポート

〈出典〉「安心と信頼のある「ライフエンディング・ステージ」の創出に向けて〜新たな「絆」と生活に寄り添う「ライフエンディング産業」の構築〜報告書」(経済産業省商務情報政策局サービス産業室、2011年) 36頁

■図表5-7　横須賀市の「周没期支援」支援者の立ち位置と業務

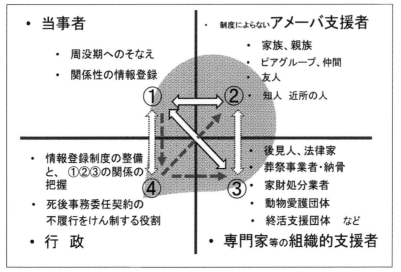

〈出典〉北見万幸「横須賀市の終活支援（令和3年11月　改定v18　短縮版）」

立場を整理している。ここでは、行政や専門家等の組織によるフォーマルな支援だけでなく、本人の関与やインフォーマルな支援者も組み入れられている。領域ではなく、立場や機能に着目した整理である。

　領域別にプレイヤーを列挙することがまず必要であることはいうまでもないが、プレイヤーが地域に存在しているだけでは不十分であり、高齢者個人にとって利用可能であるのか、役に立つものとなっているのかを機能面からも検討しなければならない。お互いを知ってネットワークを作りながら、どう連動すると個人の問題解決を完了することができるかをシミュレーションしてしくみを作ることが必要である。

役割分担の考え方

　これまで、身元保証問題については複数のガイドラインが作られてきた。伊賀市社会福祉協議会が提案した「地域福祉あんしん保証プラン」、半田市地域包括ケアシステム推進協議会が作成した「「身元保証等」がない方の入院・入所にかかるガイドライン」、近年では魚沼市が作成した「魚沼市における身寄りのない人への支援に関するガイドライン」がある。いずれも、アプローチとしては「身元保証」が含んでいる役割を分類し、既存の制度やプレイヤーをコーディネートすることが主眼である。また、その情報を一元化することで、高齢者にサービスを提供する（保証を求める）プレイヤーに安心感を与えるとともに連携を図っていくツールとして活用することが想定されている。身元保証人に求められる役割については地域によって大きく変わることはないと考えられるが、それをどのように分担するのかについては、地域のリソースやそれまでの歴史によっても異なる可能性が高いため、ガイドラインの作成段階から関係するプレイヤーが関与して、役割分担を定めていくことが有効と考えられる。

地域ケア会議の活用

　身元保証問題は、繰り返し述べているように、「高齢期に身近に手助けする人がいない」ということに起因して、様々な形で顕在化する。縦割りの組織で、それぞれの業務をこなしている中では、問題の背景に気づいていたとしても、それを共有して大きな枠組みを作っていくことは通常難しい。いくつかの自治体では、既存の会議

体を利用して問題をとらえなおす機会を作っている。例えば地域ケア会議もその1つである。個別のケース検討を行う際に「身近に手助けする人がいない」という共通点を持ったケースを持ち寄るとか、今挙がっているケースについて特にこの点がどうなっているかを確認するなどして、背景にある大きな課題を浮かび上がらせたり、別々に見える課題を1つの枠組みに入れてみたりすることを繰り返していくと、その地域における身元保証問題の実情をとらえることができるのではないだろうか。地域ケア会議の構成員は主に医療・介護に関連する専門職が多いと考えられるが、そこで身元保証問題対応の「コア」を作り、雪だるま式に関連する部署（例えば住宅関係の部署や福祉関係の部署など）を取り込んでいくというやり方が可能ではないだろうか。

民間事業者との連携方法を幅広に考える

　身元保証問題の解決にあたっては、民間事業者の力を活用することは欠かせない。法律専門職や葬祭事業者、介護保険事業者、金融機関といった、直接関連するサービスを提供する事業者はもちろんだが、それ以外にも身元保証問題の解決に貢献しうる事業者は存在する。

　上に挙げた事業者は、主に、問題の解決策を提供できるプレイヤーであるが、その前の段階を民間事業者が担うことも十分に可能である。課題の認識や解決策の検討という部分は、プロモーションやコンサルティングの機能であり、住民との接点を多く持ち、ニーズを聞き取れるノウハウを持つ事業者が有利になる。わざわざ自治体の終活講座にやってくるのは相当のアーリーアダプター（新しいこと

を積極的に取り入れる人）であると考えられる。そこまで関心のない人たちにも普及啓発をはかるためには、一般的な高齢者が日ごろ立ち寄るような場所にポスターを掲示するとか、相談機能を持たせることが有効かもしれない。例えばスポーツジムやスーパーマーケット、ホームセンター、銭湯、駅、理髪店等も住民との接点（タッチポイント）として活用できる。また、情報の観点からすると、インフラ系の企業（電力、ガス、通信等）も大きな役割を果たしうる。彼らの有するデータが状態の把握のために有用であることはもちろん、彼ら自身が顧客にとっての魅力を増すような付加的なサービスを提供したいと考えたときに、この身元保証問題は1つの切り口となりうる。課題の認識を行いやすいという強みを活かし、その先の解決策のコーディネートまで担おうという企業もあるかもしれない。システム関連の会社はいうまでもなく、個人の情報を安全に把握し伝達することと、自治体の業務の効率化といったことは本業であり、必ず身元保証問題には関心を持つだろう。実際にいくつかの自治体ではロボットを活用した見守りの実証も行われている（NECのコミュニケーションロボットである「みまもりパペロ」の活用など）。金融機関も、顧客のお金を預かっているという信頼性を強みとして、解決策のコーディネート機能や情報伝達機能を担おうという動きを見せている（SMBCエルダープログラムなど）。地域において身元保証問題を解決しようとするときには、高齢者が接点を持ちうるあらゆるプレイヤーをリソースとしてとらえることで、自治体が強みを持つ部分にフォーカスができ、持続可能かつ利用者にとって満足度の高いサービスを構成できる可能性がある。

インフォーマルな支援を提供するプレイヤーへの注目

　自治体や企業や専門家のように、業務として支援を提供するフォーマルなプレイヤーのほかに、地域の知り合いや友達やボランティアも本人の周りには存在する。以前から「身寄り問題」に着目している特定非営利活動法人つながる鹿児島の取組では、身寄りのない個人同士が「鹿児島ゆくさの会」という互助会に参加して、入院の際の身元保証人になったり、お互いのエンディングに関する希望を共有したりといった支援を提供し合っている。また、筆者らが収集した支援事例においても、普段から利用している飲食店や理髪店の店員や経営者が支援を提供していた。こういった支援は、横須賀市終活支援センターの北見万幸氏の整理によれば「アメーバ的支援」であり、形は決まっておらず、「あてにする」のは難しいかもしれない。だが、どのようなサービスを提供したとしてもそこには限界があり、すき間は生じる。そのすき間をもしかしたら埋めてくれるかもしれない存在がこのインフォーマルなプレイヤーである。自治体が、個人の友人関係に立ち入ることはできないが、身元保証問題の普及啓発を図る時、隣近所の住民同士の協力の仕方を提案したり、住民が良く利用する地域のお店を接点として活用することも検討する価値があるだろう。

5　ステップ4　住民の関与を高める

　ここまでは自治体が身元保証問題をどうとらえて、何をすべきかを中心として話を進めてきた。その際、利用できる制度や支援でき

るプレイヤーが揃っているだけでなく、実際に機能するようなしくみとすることの重要性を強調してきた。その観点からいうと、一番重要なのは住民自らの関与を高めることである。

　元々、身元保証問題に含まれる支援は、特に取り決めや対価もなく私的な領域で行われてきたことである。個人が高齢になって自分一人では生活できなくなった時、または亡くなった後の手続きを行わなければならない時、これまでは家族や地域の人がその人の事情や地域の慣習などを考慮しながら支援を提供してきた。家族や地域の支援力が徐々に弱まる中で、介護保険は心身の状況や生活環境を一定の質に保つために、行うべき支援を可視化して、費用を社会的に分担するという形で制度化がなされた。また、その際には措置ではなく個人が自らにふさわしいサービスを契約し利用すること、民間事業者を含めた多様な主体がサービスを提供すること、自立支援を目指すことがうたわれた。

　介護保険導入から20年以上が経過し、高齢期は自らにふさわしいサービスを選んだり契約したりする負荷を引き受けられない場合があること、死に向かって状態が悪くなっていくこと、死後には自分で自分のことができないこと、という課題が現実のものとしてあらわれてきたといえる。あわせて、家族がいることを（暗黙の）前提として組み立てられてきた制度やサービスが現実にそぐわなくなっており、高齢者に不利益が生じたり、支援者に過度な負担を強いているのが現状である。つまり、介護保険でカバーされている領域についても自らサービスを選んで利用できない場合があり、介護保険でカバーされていない領域についてはますます私的な支援が抜け落ちていき、高齢期の生と死が立ち行かなくなりつつある。

■図表5-8　予防の観点からみた身元保証問題

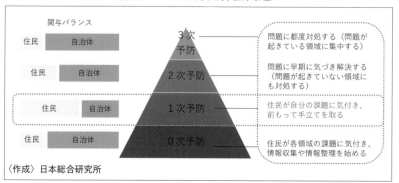

〈作成〉日本総合研究所

　個人を取り巻く最も私的な領域の支え手が少なくなったところにできた空白に、自治体や国が新たに制度を一方的に作って支援を提供する（空白を埋める）ことは難しい。何をどこまで、どのような水準で行うべきかということを定める客観的な根拠はなく、そのように一律に定めることは選択の負荷を減らす一方で、個人の自己決定の余地を少なくする。自治体や国に任せるのではなく、住民が関与しながら、空白の埋め方を新たに見出していかねばならない。住民の関与を高めるためには、単なる普及啓発に終わらず、住民の行動変容に結びつくための施策が必要である。そのための手法を次に述べる。

予防の考え方を取り入れる

　高齢になって、自分で自分のことが決められなくなったり、決めたことが実行できなくなるというリスクを減らすこと、そうなってしまった時にできるだけダメージを少なくすることを、ヘルスケア領域における予防の考え方にあてはめてみると**図表5-8**のようになる。

　０次予防は、住民が身元保証問題に気づいて、情報収集や自分の情報の整理を始める段階である。

　１次予防は、住民が自分の課題に気づいて、前もって手立てをとる段階である。

　２次予防は、早期に問題を発見して解決する段階であり、問題がまだ起きていない領域にも対処が行われる。

　３次予防は、起こった問題になんとか対処する段階である。

　０次予防は、今多くの自治体で行われるようになっている「終活講座」のような普及啓発が該当すると考えられる。また、２次予防と３次予防については、これも既存の自治体等による福祉的な支援に近いと考えられる。

　これから強化すべきポイントは、①１次予防のしくみと、②０次予防から３次予防をつなぐしくみである。

（１）住民の負荷軽減によって１次予防を促進する

　１次予防の部分は、０次予防によって一般的な知識を得た住民が、自分ごととして身元保証問題をとらえ、対策をしようとする部分である。つまり、最も住民が能動的になることが要請される段階である。ここでは動機づけだけでなく、負荷の軽減をはかる工夫が重要である。元々身元保証問題は、高齢になって心身が弱くなること、死に向かうことに向き合わねばならず、医療や葬儀や財産といった難度の高い判断を求められる。まして、取り組めばプラスの結果が得られるというよりは、マイナスを減らすという意味合いが濃い。問題を知れば知るほど、後は野となれ山となれ、今を楽しもうという気持ちになるほうがむしろ自然な心の動きかもしれない。０次予防の普及・啓発で高まった動機を下げることなく１次予防に進むた

めには、住民の気持ちになり、何が壁になるのかを検討し対策を打っておくとよい。以下はその例である。

　壁１：空き家になってしまうのが心配だが、どういう対策があるかを自分で調べるのが難しい、面倒だ⇒すぐに対策が取れるような情報を提供する

　壁２：手段を比較検討したり、選択するのが大変だ⇒いくつかの質問に答えると最適な組み合わせが提案されるようなしくみを作る、または標準パッケージを用意しておく

　壁３：お金がかかるのが嫌だ⇒いくつかのパターンで費用を提示し、費用を抑える工夫や補助金の情報を提供する

　これは問題解決のプロセスでいえば、課題の認識から解決策の検討に移行する部分と、解決策の検討と解決策の選択の部分を支援することにあたる。

　課題の認識から解決策の検討の移行に分断が生じないよう、例えば終活勉強会の後に個別ワークの時間を設けて相談に応じるなどの設計もありえるだろう。

　また、全体のプロセスの負荷を軽減するという意味では、手続きの簡略化は大きな意味がある。例えば別府市の「おくやみコーナー」では、死亡後に遺族が行う手続きをおくやみコーナーで整理し、必要な手続きを判断した上で、届出書を一括で作成するサポートを提供している[5]。それまでは遺族が葬儀社や市の窓口で提供される「死亡後の手続一覧」を頼りに自ら必要な手続きを判断し、窓口を

---

5) 岸野丈史「課題を業務改善につなげよう！～別府市「おくやみコーナー」・つくば市「RPA」の事例から～」自治調査会_ニュースレター Vol.19、2019年7月

回っていた。手続きをするときには、各窓口で同じ情報を何度も記入しなければならず、手続自体が不要であることがわかることもあった。そのような負荷を減らすために、遺族が来庁する前に住民基本台帳などから情報を収集して、関係の担当課に確認を依頼し、必要な手続きを判断し準備しておくしくみが作られている。これは死亡後に遺族が行う手続きの例だが、身元保証問題の予防についても同様に手続きの負荷が大きな壁となることから、必要な手続きを洗い出して、可能な限りお膳立てを整えておくという手法は有効であると考えられる。

（2）　0次予防から3次予防をつなぐ

　ステップ3で触れた通り、手段やプレイヤーが揃っていることをもって「体制がある」とするのではなく、個人がその手段やプレイヤーを活用して身元保証問題を解決できるようにしておくことが重要である。

　それには、先に述べた通り、普及啓発からコーディネートへの接続、コーディネートから解決策実行への接続が途切れずに行われることが大切である。また、問題を抱えている人の相談を受けたり、発見するしくみも備えておかねばならない。

　身元保証問題は長い高齢期をカバーしており、その期間は20年余にわたる可能性がある。その中で本人の状態や意向や居場所が変化していくことを前提としたしくみを作らなければならないという難しさがある。

　その際には、やはり、個人単位での情報の連結が何より重要である（図表5-9）。

　図表5-9では身元保証問題を解決する際のしくみを、モニタリ

■図表5-9　個人単位での情報の連結イメージ

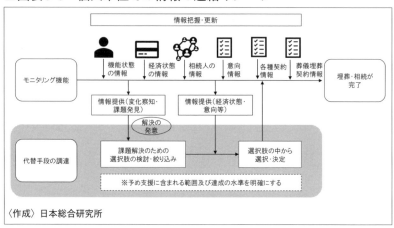

〈作成〉日本総合研究所

ング機能と代替手段の調達に分けて考えている。

　モニタリング機能が主に情報を取り扱っている部分であり、本人の機能状態、経済状態、相続人などの身寄り、医療等の意向、現在結んでいる契約、将来に備えた契約等の情報が含まれている。本人の機能状態などからは課題が察知できるし、経済状態や相続人や医療の意向等は、課題解決をする際の選択肢の絞り込みに有用である。さらに、今利用しているサービスや今後に備えて契約してあるものについての情報は問題解決を実行する際に重要である。

　横須賀市のエンディングプラン・サポート事業や終活情報登録伝達事業は、課題の察知は行っていないが、本人の意向や契約に関する情報を登録・伝達することで身元保証問題の解決策実行を支援している。

　発見された課題について、解決策を検討して絞り込み、選択・決定する部分については、領域ごとに専門家などふさわしいメンバーが関与するとして、モニタリング機能については共通のデータベー

スから情報を提供するしくみにしておけば、場あたり的な解決でな
く、その個人の意向や履歴と統合性を保った形での問題解決が生涯
を通じて継続できると考えられる。また、なぜ代替手段の調達にあ
たって特定の解決策を選択したかという説明も根拠をもって行える
ため、「いつか親族が現れて不満を訴えられてしまうかもしれない
から、下手な手出しができない」という萎縮を防ぐ効果も期待でき
る。

自治体と住民が共に課題を解決するGovtech

　取組を始めるにあたっては、近年注目を集めている Govtech の
考え方を取り入れるのも一案である。Govetech とは、Government
と Technology を組み合わせた言葉で、情報技術を用いて行政の業
務効率を上げたり、新たなサービスを生み出すことを指している。
身元保証問題は、これまで書いてきたように単なる行政手続きの電
子化や効率化ではなく、多くのステークホルダーを包含して公共の
利益を創出するためのデジタル技術の活用が求められる領域であ
る。デジタル・ガバメント実行計画[6]の冒頭には、サービス設計 12
箇条として、利用者のニーズからの出発、事実の詳細な把握、利用
者の日常生活に溶け込むことなどが挙げられている。

　地域において多くのステークホルダーを巻き込みながら、課題解
決に資するしくみを作り上げていくためには、小規模な PoC（Proof
of Concept、概念実証）を繰り返すことが有効である。PoC とは、
アイデアの実現可能性や効果を確認するために、部分的に実現して

---

6) 2020年（令和２年）12月25日、閣議決定

■図表5-10　地域でPoCを実施する際のターゲットや実証範囲の案

	元気	フレイル	要介護	死亡前	死亡	死後
モニタリング		①			③	
代替手段		②				

パターン	内容	関与する人
①	変化の察知から課題解決に移行するところまで	本人・自治体・地域住民
②	変化の察知・課題解決のサイクルを限定的な分野について回す	本人・自治体・法律専門職・民間事業者
③	主に死亡前から死後に関する情報登録	本人・自治体・法律専門職・葬儀事業者

【対象住民】
・ 資産、家族、機能状態に関する要件は設けない。ただし、制度（生活保護、介護保険、成年後見）利用をしていない人、家族と同居していない人を優先する
・ 積極的に取り組む意向がある住民を対象とする

〈作成〉日本総合研究所

検証を行うことである。ステップ2のVでも言及した通り、身元保証問題は範囲が広くどこから手を付けることが有効か、誰がどのように関わると支援が機能するかといった点は計画しきれず、小さくサービスを立ち上げて試行しながら見直す方が適している。小規模なPoCを行うことには、サービスの設計をブラッシュアップできるという利点のほか、関係者のネットワークを強固にしたり拡大していく効果や、短期的に結果が発信できることによるムーブメント醸成効果も期待できる。

小規模実証を行う際のパターン案

　地域でPoCを実施する際のターゲットや実証範囲の案として図表5-10を例示する。いずれも取組の対象となるのはまだフレイル状態ではない住民だが、どの時期のどの範囲のしくみを仮に構築して実証するかが異なる。

　パターン①：元気からフレイルへの移行　（健康状態の変化の可能性を察知し、課題解決に移行）

　元気な状態からフレイル（何らかの課題が生じる）への移行は察知が難しく、「人の助けが必要になる」という体験の初期段階でもある。どのような手法で情報を把握し、本人に知らせることが本人の受容性を高めるのかについて検討することがこのパターンの焦点である。

　パターン②：元気からフレイルへの移行　（健康状態の変化を察知し、課題解決を限定的な分野で実施）

　パターン①を一歩進めて、例えば「住まい・環境」など課題を限定し、**図表 5-9** の課題解決の 2 つのレベルにおけるサイクルを回してみる中で、関与する人や手続き、利用するシステムをブラッシュアップすることがこのパターンの焦点である。

　パターン③：死亡前から死後　（重大な医療処置・葬儀埋葬・財産処分や相続）

　対象は、パターン①②と同様、まだフレイル状態ではない住民だが、取り組む範囲が主に重大な医療処置や葬儀埋葬、死後の財産処分や相続に関する各種の契約等に関するものとなる。

6　むすびにかえて

　本書は個人を取り巻く人の層が希薄化する社会で、高齢期の生と死の尊厳を保つために必要なことを身元保証問題としてとらえ、誰もが利用できる解決策の設計に資することを目指した。

　高齢期に心身機能が低下し、最終的に死に至るのはすべての人に

とって避けがたいことである。家族や親族が無限・無償の支援を提供することが期待できなくなりつつある今、家族や親族と同じことができる存在を求めるのではなく、持続可能で誰もが利用可能な新しい個・孤のライフ・エンディング支援のしくみを見出すべきである。そのためには、高齢期に起こることを「老後の不安」といった言葉で曖昧にしておかずに直視することが第一歩となる。

　また、本書で提言したのは、身近で手助けしてくれる人がいないことを前提とした場合に、最低限行われるべきことであって、人の関与がなくて済むようにすることを目指したものではない。むしろ、技術の活用によって関わる人たちの負担を減らし、コミュニケーションをしやすくすることによって、様々な主体が自分にできる支援を提供することを促進するためのものであることをいい添えておく。

サービス・インフォメーション

― 通話無料 ―

① 商品に関するご照会・お申込みのご依頼
　　　　TEL 0120(203)694／FAX 0120(302)640
② ご住所・ご名義等各種変更のご連絡
　　　　TEL 0120(203)696／FAX 0120(202)974
③ 請求・お支払いに関するご照会・ご要望
　　　　TEL 0120(203)695／FAX 0120(202)973

● フリーダイヤル（TEL）の受付時間は、土・日・祝日を除く
　9:00〜17:30です。
● FAXは24時間受け付けておりますので、あわせてご利用ください。

多様な支援事例でつかむ　自治体が直面する
高齢者身元保証問題の突破口
―地域特性を踏まえたおひとりさま政策の提言―

2022年7月15日　初版発行
2024年3月10日　初版第3刷発行

著　者　株式会社日本総合研究所　沢村　香苗

発行者　田　中　英　弥

発行所　第一法規株式会社
　　　　〒107-8560　東京都港区南青山2-11-17
　　　　ホームページ　https://www.daiichihoki.co.jp/

装　丁　篠　　　隆　二

高齢者身元保証　ISBN 978-4-474-07871-0　C0032（7）

著者紹介

沢村 香苗（さわむら　かなえ）
株式会社日本総合研究所 創発戦略センター スペシャリスト

東京大学文学部卒業、東京大学大学院医学系研究科健康科学・看護学専攻博士課程単位取得済み退学（保健学博士）。精神保健福祉士。研究機関を経て、2014 年に株式会社日本総合研究所入社。ギャップシニア・コンソーシアム（2014-2018）活動において、主に高齢者の心理に注目したマーケティング手法開発に関与。CONNECTED SENIORS コンソーシアム活動（2019-2020）では、高齢者が情報機器を活用してデータを蓄積する実証実験を行った。著書に『自治体・地域で出来る！シニアのデジタル化が拓く豊かな未来』（共著、学陽書房、2020 年）がある。